FEIYI JIN XIAOYUAN
JIANZHI DAJIANGTANG

非遗进校园

剪纸大讲堂

初段（下）

策　划　徐　阳　主　编　金素清
副主编　金　姬　陶艳春　刘玉文　董雅萍
陈　晨　吴海凤　任建鲲

知识产权出版社
全国百佳图书出版单位
—北京—

图书在版编目（CIP）数据

剪纸大讲堂．初段 下 / 金素清主编．-- 北京：知识产权出版社，2022.4
（非遗进校园）
ISBN 978-7-5130-8142-9

Ⅰ．①剪…　Ⅱ．①金…　Ⅲ．①剪纸—技法（美术）—中小学—教材　Ⅳ．① G634.955.1

中国版本图书馆 CIP 数据核字（2022）第 064696 号

内容提要：

中国民间剪纸是由劳动人民在民俗生活中创造、流传、享用的一种意象造型民间艺术。中国民间剪纸有自己独特的剪纹。剪纹是剪纸的语言，是剪纸造型最基本的技法。本教材由浅入深，指导学生运用并掌握剪纹技法，以剪刀代笔，剪出自己想要表现的美丽图形。

责任编辑：田　姝　　　　**责任印制**：孙婷婷

非遗进校园

剪纸大讲堂·初段（下）

金素清　主编

出版发行：	知识产权出版社有限责任公司	**网　　址**：	http://www.ipph.cn
电　　话：	010-82004826		http://www.laichushu.com
社　　址：	北京市海淀区气象路 50 号院	**邮　　编**：	100081
责编电话：	010-82000860 转 8598	**责编邮箱**：	tianshu@cnipr.com
发行电话：	010-82000860 转 8101	**发行传真**：	010-82000893
印　　刷：	北京建宏印刷有限公司	**经　　销**：	新华书店、各大网上书店及相关专业书店
开　　本：	787mm × 1092mm 1/16	**印　　张**：	15
版　　次：	2022 年 4 月第 1 版	**印　　次**：	2022 年 4 月第 1 次印刷
字　　数：	220 千字	**定　　价**：	59.00 元

ISBN 978-7-5130-8142-9

非遗进校园
丛书编委会

序

自2009年中国剪纸入选“人类非物质文化遗产代表作名录”以来，剪纸进校园、剪纸进社区的活动越来越多，许多学校、社区都开设了剪纸课。剪纸受到政府部门的重视，得到更多人民群众的喜爱，尤其是受到少年儿童的追捧。

由于缺乏正确的引导，有的学校将剪纸引入课堂时，复印了大量的剪纸作品，发给学生依样复制；有的学校自编校本剪纸教材，可教材中并没有选用民间剪纸，而是选用了大量绘画性的图案，让学生依样绘制、操刀剪样，并要求学生画得越像越好，使剪纸成为过过刀的绘画作品。

中国民间剪纸进课堂，不仅仅是教会学生剪几张剪纸，动手娱乐，更重要的是传承中国民间剪纸中所蕴含的优秀传统文化，体验民间剪纸独特的造型特点。

中国非物质文化遗产保护协会会长、原文化部非物质文化遗产司司长马文辉说：“朴素优美的剪纸寄托着人民美好的愿望和祝福，体现着中国人民积极乐观的生活态度，同时也有对日常生活中的美的表现和再现，也是对一些特定的风俗和仪式的传播，是广大民众，尤其是中小学生了解中国传统文化的载体和重要途径。”

那么，什么是中国民间剪纸呢，南京大学文化与自然遗产研究所副所长陈竞教授认为“中国民间剪纸是劳动人民在民俗生活中创造、流传、享用的一种意象造型民间艺术”。所谓“意象”，就是意念中的形象，不是自然中的形象。这种意象“以意构象，以象寓意”。为塑造“意象”，作者往往打破客观时间、空间、比例、透视、体积的限制，任意发挥主观想象，运用平面、简括、夸张、添加、拼连、套叠、装饰、复合等造型方法，表达作者思想感情，反映民俗生活。因而它的群众性、民俗性、传承性、象征性、实用性的特点最为明显。剪纸又是吉祥的艺术。民间剪纸之所以受到老百姓的喜爱，就是因为它充分运用谐音、比喻、象征、拟人的手法，以特有的智慧和表达方式，含蓄地表达了老百姓对美好生活的向往。这套教材上册的内容，着力从“福”“禄”“寿”“喜”“财”等五大主题传播民俗文化知识，下册内容偏向于造型方法的传授，具体介绍如何运用阴阳剪法，怎样剪正面、侧面和俯视形象，怎么运用拟人法等剪纸造型方法进行创作活动，特别介绍了如何剪人物、如何剪门笺。教材在每单元开篇中重点介绍本单元所学的造型方法的特点及要点，提供本单元相关的剪纸佳作引导学生从民俗知识、造型方法上进行欣赏，并根据活动目标，结合教学要点进行详细的步骤示范，引导学生在掌握本讲教学要点的基础上举一反三，既给了“鱼”又授以“渔”；让学生在直观形象的范例下拓展创作思路，掌握用造型方法进行创作的要领，充分发挥想象力，有的放矢地进行针对性的练习；然后分别对优秀及有待改进的习作进行点评，让学生知道好在哪儿，不足之处在哪儿，如何改进。

民间剪纸有自己独特的剪纹，剪纹是剪纸的语言，是剪纸造型最基本的技法，这套教材由浅入深，教学生如何运用并掌握剪纹技法，以刀代笔，剪出自己想要表现的美丽图形。

本套教材分初、高两段，初段适合小学 1—3 年级，高段适合小学 4—6 年级，每段 100 讲。

在编排体例上，根据教学的需要，有主题讲解、剪纸作品赏析、剪纸范例教学步骤、学生习作展示及教师点评等多个环节，力求传播民俗知识和剪纸技艺有机结合、同步传授。教材中，特别鼓励学生学以致用，发挥少年儿童天真、烂漫的天性，大胆创新，创作出既具有民间剪纸韵味，又有儿童趣味的好作品。

本套教材重在继承传统剪纸的知识与技法，希望授课老师能够根据学生的年龄特点进行教学，使学生在愉快的文化情境中了解民间传统习俗，用剪纸的形式表现新生活。希望本套教材能够为非遗进校园提供支持，起到抛砖引玉、搭建平台的作用，成为弘扬我国剪纸文化的基石。

中国高级工艺美术师
北京一级工艺美术大师
“北京剪纸”非遗传承人
徐 阳

福建省五一巾帼标兵
福建省青年技术能手
“柘荣剪纸”非遗传承人
金素清

谈剪纸教学中的“读、临、变、创”

非遗进校园，有些非遗传承人和在校教师在剪纸教学中，把重点放在某一项目的剪刻技术上，而忽略了非遗文化的传承。没有在传统文化传承的基础上，启发学生想象力、创造力。下面，我谈谈自己在剪纸教学中总结出的“读、临、变、创”四字教学法，供大家参考。

一谈“读”。读是读名家名作，是欣赏，是分析，是感受、理解名家名作中的民俗知识、文化内涵，提高学生的审美能力，增强对中华民族传统文化的认知力。比如：读陕西剪纸大师高凤莲的作品《凤凰》。先介绍高大娘的生平，再欣赏这幅作品。这幅作品十分奇特，初读，读不懂，题目是凤凰，而画面中全然没有人们印象中凤凰的形象，展现在眼前的，是一只全身布满牡丹花的大土鸡似的“怪物”，十分打眼。再细细观察，鸡背上还有一个似“芦笙”的东西。老师在引领学生观摩这幅作品时，可以边提问，边解答这幅作品所暗藏的秘密。当一个个秘密被破解，作品中所蕴藏着的文化内涵也就解译了出来。老师在总结中说：高凤莲大娘运用中国民间剪纸常用的象征法，巧妙地将象征富贵的牡丹花装饰在土鸡身上，又在鸡背上剪有民族乐器“芦笙”，芦笙是用长短不一的竹管制成，寓意节节高升。那么，这幅剪纸是在寓意什么呢？寓意土鸡要经过不断努力，才能节节高升，变为华丽富贵的凤凰。这幅作品表面是在说土鸡变凤凰，其实是在寓意，一个普普通通的女性只有自强不息，用自己的智慧和才干去艰苦奋斗，才能如凤凰般地完成人生更高的成就，实现更大的梦想，达到更高的层次，这是对成功女性成长历程的赞美。解读高凤莲的这幅作品，不仅介绍了中国民族文化中劳动人民是如何巧妙地运用谐音、比喻、象征的手法，表达作品中所蕴含的吉祥美好的文化内涵，同时，更进一步解读，民间艺术家是如何运用意象思维的造型手段，大胆凭直觉与想象，剪出心目中的土鸡、牡丹、芦笙形象。这些造型全然不拘写实，不求客观世界中的真实，而求作者内心世界的真实与情趣，虽形拙而情真，虽似像非像，但出其不意，情趣盎然。

在欣赏环节中，我们不仅要读中国民间剪纸优秀作品，还可以推介并欣赏其他民间艺术门类的作品，如：刺绣、年画、面塑、泥塑、农民画，等等，使学生从多种中华民间艺术瑰宝中汲取营养，提高自己的鉴赏力和艺术修养。

二谈“临”。临是临摹，临摹中国民间剪纸精品力作。从古至今，民间艺术的传承与发展，几乎都是从临摹别人的作品开始的，没有临摹就没有传承，更谈不上创造。我们在临摹教学中，先易后难，由简到繁地学习传统，继承传统，我们教学生不仅要教剪其形，还要教其形所表达的吉祥寓意。先教脱稿剪纸，从简单易学的对称纹样入手，如：葫芦、桃子、莲花、蝴蝶。随着教学的深入，从对称纹样，过渡到单独的自由纹样和更复杂的组合纹样。

为什么从脱稿剪纸入手教呢？因为，中国传统剪纸，是劳动人民创造的，这些民间艺人从开始学习时，就是在无稿的纸上，由别人口传心授剪出来的，因为没有画稿，剪出来的东西，不可能具象，剪刀剪出的形象，是心中情景与形象的回忆，真实而质朴，夸张而生动。脱稿剪纸的训练，大大提高了学生的观察能力、记忆能力，和手眼配合能力。因为没有画稿，有利于即兴发挥，随心所欲，将直觉形象自然流露在指间，使剪出来的东西具有别具一格的稚拙与灵气。至于临摹步骤，由外到内，还是由内到外，每个老师都有自己的一套方法。但无论怎么教，绝不能复印样稿，让学生依样复制。临摹中，以对临为主，以外形为重，辅之教学生物象中的装饰，以及阴阳黑白对比关系。尤其要教月牙纹、水滴纹、锯齿纹等基本剪纹的剪法，和如何恰到好处地运用通用的太极纹、方胜纹、联珠纹、盘长纹、万字纹、如意纹等吉祥符号。

临摹分对临与背临，一般简单的物象对临两三遍，即可背临，背临两三遍即可熟记在心，自由操刀了。学生进入背临阶段，将会信心大增，兴趣大增。这时，可让几个学生上台当众展示自己脱稿剪纸的才艺。这种由对临到背临的过程，不是一朝一夕练就出来的。平时的教学，不能一次课换一个剪样，只重对临，不重背临，而应该一个剪样按难易程度，分多次教学，学生才能达到心中有数，随意背临。

为了传承好非遗文化，老师在选择临摹样子时，一定要慎重，尽量从优秀的民间剪纸中挑选剪样。有些剪样十分复杂，我们可以挑选作品的局部或一个单独纹样。不能从绘画性图书中随意选样，让学生临摹写实性的东西，把初学剪纸之路引歪了。

三是“变”。变指的是变化，是在临摹的基础上，从内到外地去变化，去设计，去改变别人的样子，逐渐学会独立创作。一开始，先从小变物象的内装饰入手，增减剪样中的纹样，加入自己的小创造。再从改变物象外形开刀，让外形局部或全部不同于原稿。比如剪猪，先把猪身上的铜钱纹、元宝纹变成牡丹花。再把朝前看的猪，变成回头看的猪。这一改，一变，就有创作的成分，就是创作新猪的启蒙尝试。

变，不是说变就变。老师让学生变，随意变，而不管不教，采取放羊式教学，这可不行。老师要有耐心，要有方法，让学生感到：变，并不是很难的事，自己是可以想出新点子、新花样的。比如，剪一个桃子，学生在对临中学会了一种有尖头的桃形，桃内有两排锯齿纹作装饰。老师可以启发学生设计有两个圆头的尖的桃形。桃内可以用一朵花来装饰。又比如，剪蝴蝶，可以引导学生从蝴蝶外形入手，变化出多种蝶形。从对称纹样到不对称的自由纹样，从双翅蝶到单翅蝶，变化多端，大大提高了学生的想象力和造型能力。再说变化蝴蝶的内装饰，那更有施展想象力的空间，许多吉祥符号，如牡丹、石榴、桃子、金鱼、如意，甚至娃娃都可以用来装饰蝴蝶的内部，这叫：蝶形是个筐，吉祥纹样往里装。在多种蝶样纹饰中相互借鉴、组合、拼连中，学生学会了变化。

四是“创”。创是创造、创作，是传承的结果。是学习民间剪纸最终追求的目的。

创，在教学中分两种，没有先后之别。第一种是创作单独纹样，如自创双喜花、生肖、人物、动物，是前面谈的“变”得深入的结果。这种单体物象的创作，是在教学中最常用的一种方法，许多学生可以连续创作同一种物象的不同形态出来，如蝴蝶、寿桃、风筝等。第二种是创作主题性较强，多种物象组合而成的一幅画面，比如：校园生活有踢毽子比赛、跳房子游戏、大扫除、植树，等等。这种创作难度较大，即使老师在全班出一个题目，让大家剪，每个学生也会有不同的构图，剪出不一样的形象来。那么，这种创作课老师又如何引导呢？

第一种方法是命题创作。老师在全班出一个题目，大家依题而创作，如出中国民间传统题材的题目：连年有余、龙凤呈祥、鲤鱼跳龙门等；也可以出现代题材的题目：我在家里做家务、在学校当值日生、体育课、课外活动；又比如创作课文或课外读物中的故事。无论是老师出题让学生创作，还是学生自主命题，自由创作，老师在引导中要注意三点：第一点，内容与题目要统一，所剪之物要能应题，不能与题目毫无关系，离题千里；第二，不能创作绘画性的剪纸，写实类的剪纸，毫无民间剪纸的基础剪纹，以线条和块面代替民间剪纸的锯齿纹、月牙纹、水滴纹，把剪纸创作当成过了刀的绘画作品；第三点，充分运用中国民间剪纸独特的造型技法，如透叠法、套嵌法、拼连法、象征法，等等，充分调动学生的想象力、创造力。

向传统的民间剪纸学习，丰富并开拓教师剪纸教学的文化内涵和教学指导手段，读、临、变、创四字教学法，是一个有机的教学整体，在具体的教学实践中，灵活运用，必定会给非遗进校园活动带来生机与活力，将振兴中华民族传统文化一步一个脚印地走好、走稳、走出成效来。

中国高级工艺美术师
北京一级工艺美术大师
“北京剪纸”非遗传承人
徐　阳

目 录

第六单元　剪纸的基本剪纹练习（二）

主讲人：陶艳春

很高兴能够和热爱剪纸的你再次相见，相信经过一段时间的学习，你的剪纸技艺已经有了很大的提高。在这一单元中我们会继续学习基础剪纹，不同的是这里的剪纹很多都有了含义。让我们一起携手再次进入剪纸的殿堂吧，希望我们能够共同度过这段美好的时光。

陶艳春，中共党员，毕业于北京教育学院，本科学历，北京市朝阳实验小学南校美术高级教师，北京市骨干教师，北京市优秀教师。多次参与国培计划及小学美术教材教参编写，撰写的论文、教学设计曾多次获得市级乃至国家级的奖项，并有多篇教学设计被收录出版。2016 年在“第三届全国儿童剪纸作品展”活动中，辅导的学生作品获得银奖，本人获得优秀指导奖。

第五十一讲　怎样剪锯齿纹（一）

在剪纸作品的装饰中，锯齿纹是非常常见的装饰语言，它形式多样变换丰富，不但能够沿着直线呈现，更能够随着曲线表现丰富的外形与内在的纹理。这一讲我们要学习锯齿纹的基础剪法，通过本课的学习锻炼手指手腕及左右手的相互配合。下面就让我们一起来领略锯齿纹的风采吧。

马家窑彩陶于1923年在甘肃省临洮县马家窑遗址首次发现。距今5000—4000年左右。马家窑文化是我国西北地区一支特色鲜明的史前文化，尤以发达的彩陶著称于世，陶质坚固，器表细腻，红、黑、白彩共用，彩绘线条流畅细致，图案多变，形成了绚丽雅典的艺术风格，创造了一大批令人惊叹的彩陶艺术精品，被誉为新石器时代彩陶之冠。彩陶上的锯齿纹层层递进，结构清晰。

马家窑彩陶

跟我剪一剪

锯齿纹的样子可以非常丰富，可以是我们常见的尖尖的样子（图一）也可以是平齐的（图二）；可以是竖直的也可以是倾斜的（图三）还可以有其他形式的变化（图四）。

图一

图二

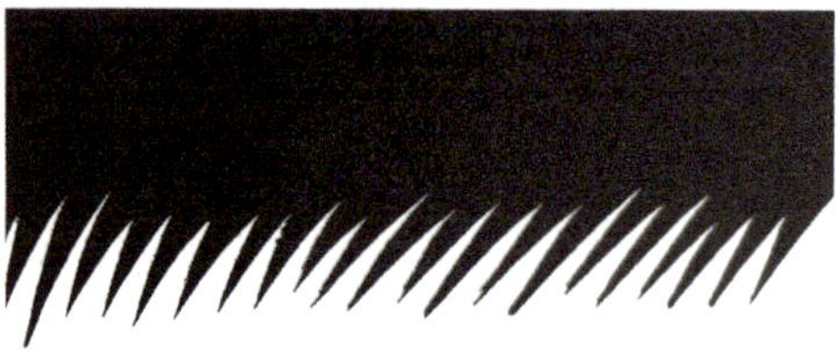

图三

图四

我们剪锯齿纹的时候主要用到剪刀尖的部分，经常剪纸的人会把剪刀尖磨成图五这样圆滚滚的样子，这样会减少剪刀对于纸张的摩擦，有利于我们完成更漂亮的作品。

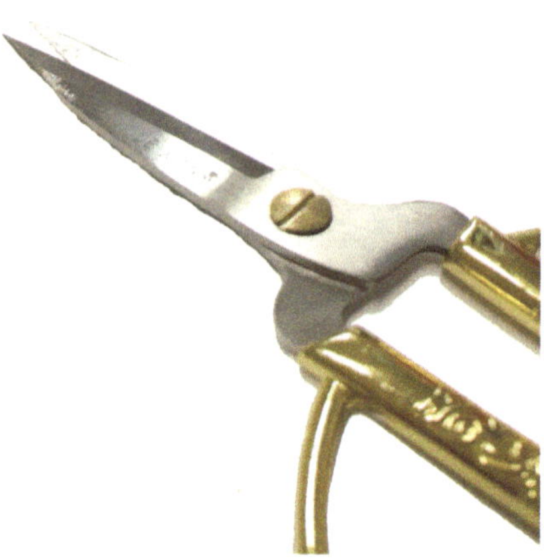

图五

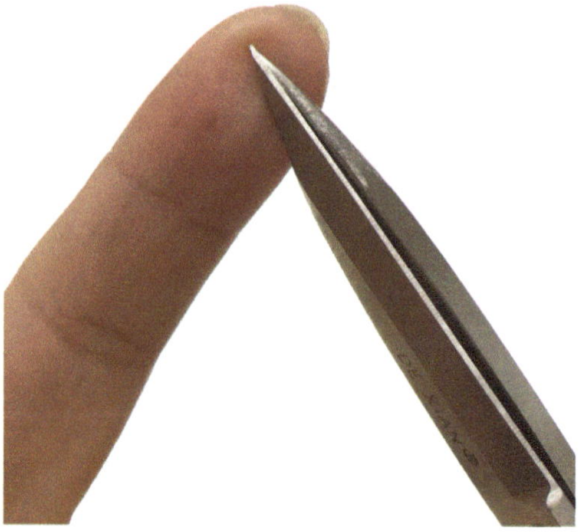

图六

我们剪锯齿纹的时候剪刀尖是放在食指上的（图六），这样不但能够使剪刀更加稳定，还能够很好地控制剪刀。

刚开始练习的时候，我们可以在纸上先画一条线，代表我们入剪的深度。在剪锯齿纹的时候，左手食指始终要托住剪刀尖，保持剪刀尖的稳定（图七）。

图七

小窍门

这里要提醒注意的是剪刀入剪的深度要保持一致，剪一下之后剪刀稍向左倾剪第二下，同时注意剪锯齿纹一定要掉渣呦。

大比拼

比赛规则：画条直线知深浅，剪刀稍稍向左偏，剪出锯齿样式多，锯齿均匀便获胜！

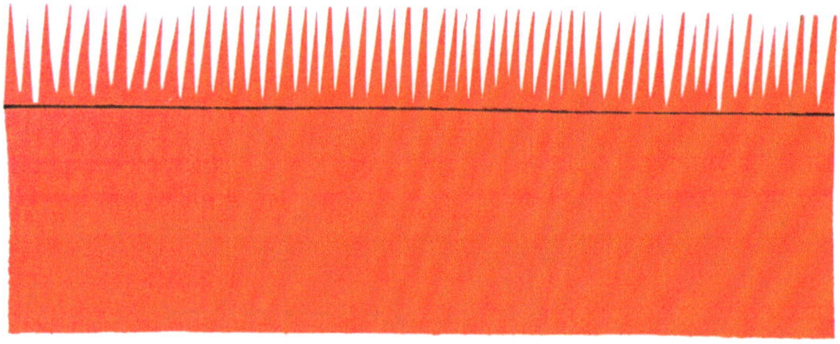

各位同学，锯齿纹在应用的过程中还能剪成什么样子呢？我们还可以用它表现长短不齐的草，或者用粗细不同的锯齿纹表现一簇树叶。怎么样，你还有更多的想法吗？赶快舞动剪刀，试一试吧。

第五十二讲　怎样剪锯齿纹（二）

这一讲我们要讲一讲锯齿纹的应用，用我们之前学习过的形象加上锯齿纹做装饰，使我们的作品更加生动有趣。

佳作欣赏

锯齿纹不但能够剪直线，还能够在各种线条的内侧或外侧进行装饰。锯齿纹是动物身上常用的一种花纹，在使用的时候可以装饰动物的外轮廓，也可以作为花纹单独运用或组合使用。蒋娟老师的作品是在熊猫的外轮廓用锯齿纹进行装饰，给人一种光芒万丈的感觉。

浙江　蒋娟

对于花朵和叶子的装饰我们也经常会用到锯齿纹，这种情况下我们通常会剪出花瓣或叶子的外轮廓，然后在线条的一侧用锯齿纹进行装饰，如图一、图二。剪的时候要注意藏好入剪的位置哟。

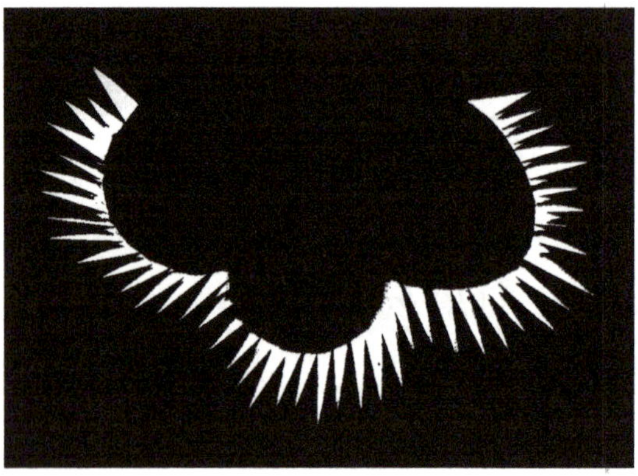
图一

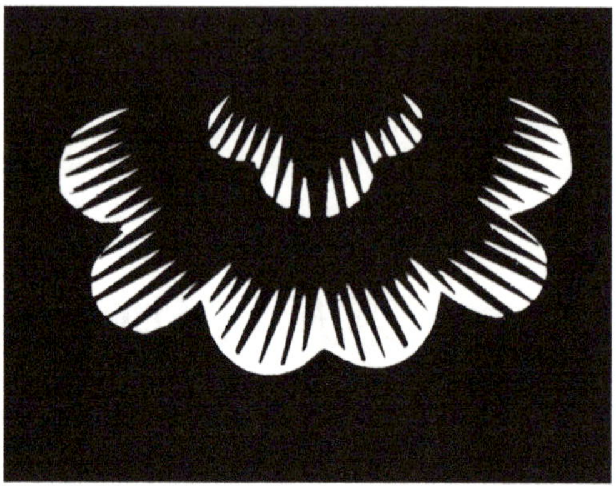
图二

跟我剪一剪

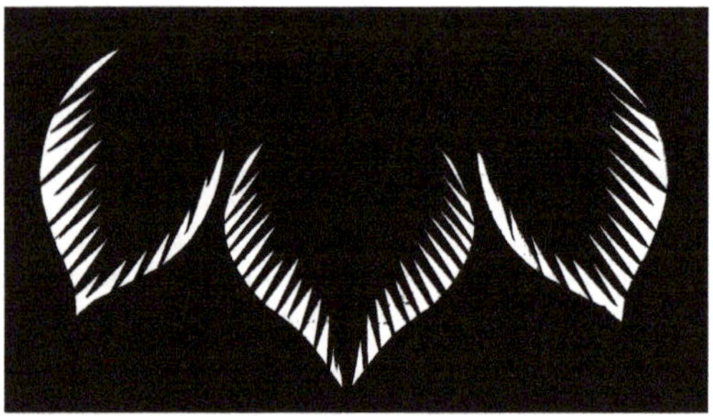
图三

（1）先用剪子剪出花瓣一样的外轮廓。

（2）处理好入剪的位置。

（3）沿着线条内侧剪出锯齿纹。

你知道图四中的锯齿纹是怎样剪出来的吗？动脑筋想一想吧！

图四

图五

同学们，你想出来了吗，锯齿纹也是可以先折叠再剪的（图五），这样剪出来的纹理更加有趣。这样的方法还可以用在什么地方呢？赶快开动脑筋创作吧。

佳作欣赏

《金鱼》北京　刘玉文

《金鱼》北京　陶艳春

北京市朝阳实验小学南校　郑雨阳

北京市朝阳实验小学南校　律佳宜

上面两幅作品中，同学巧妙地将锯齿纹与学过的形象相结合，对作品进行装饰，锯齿纹基本均匀，入剪的深度也基本一致，很了不起！

第五十三讲　怎样剪太极纹

这一讲我们要来了解太极纹。太极纹是中国吉祥符号中最原始、最基本的图形。据专家考证，它由黑白两个鱼形纹组成，俗称阴阳鱼。也有说由两只凤鸟纹组成，有后来的“喜相逢”图形为证。太极是中国古代哲学术语，意为派生万物的本源。太极图形象化地表达了它阴阳轮转、相反相成是万物生成变化根源的哲理。太极图展现了一种互相转化、相对统一的形式美。它在民间被广为应用。儒家以它演变为太极八卦纹。民间图案中的“喜相逢”“鸾凤和鸣”“龙凤呈祥”更是以它为基础，演变为生动优美的吉祥纹样，应用于剪纸、年画、刺绣、建筑彩画等艺术形式中。

佳作欣赏

太极纹

喜相逢　北京　陶艳春

“喜相逢”的图形是由两只凤鸟回环飞翔组成的，有一种和谐的运动美感。它的形式富丽又丰满，是我国古代装饰图案中极为成熟的一种。两只凤鸟的运动曲线联系到一起正好形成“S”形的分割线，正好是一幅太极图。

跟我剪一剪

（1）在圆形的纸上画出太极的图案，注意阳刻中的黑点要有线和边框相连；阴刻的外侧要用线条与边框区分。

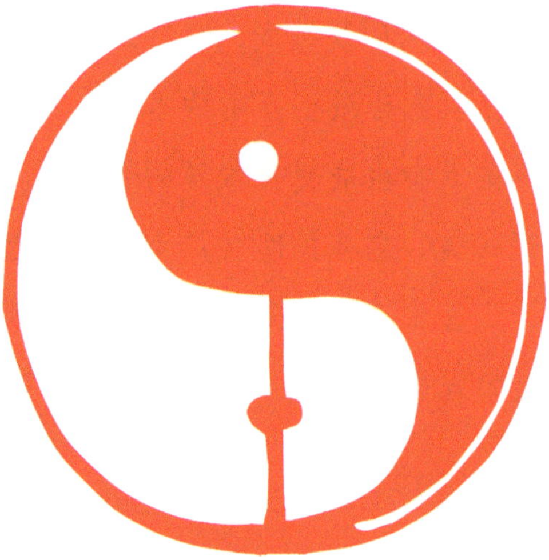

（2）用剪刀剪出太极的形状。

小窍门

在绘制太极图案的时候我们可以先把纸对折两次，使纸上出现一个十字，这样在画图案的时候不但方便了很多，还能基本保持两部分大小一致。你想到了吗？

剪一剪，试一试

这件作品四周的线条有点粗，如果阴阳鱼的鱼头能够再大一些就更好啦。

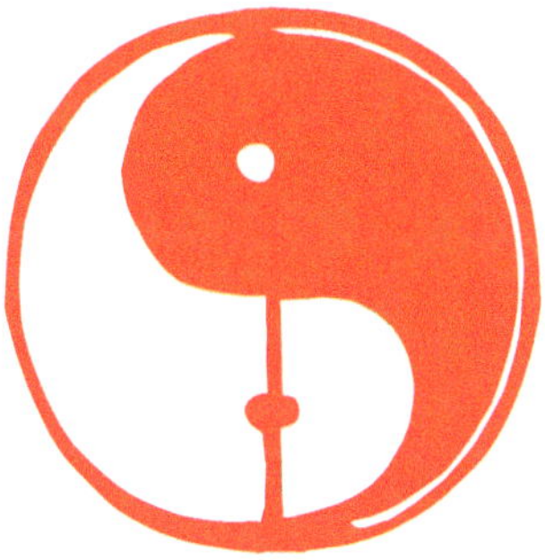

这件作品还是很棒哒，线条流畅，黑白鱼分布均匀。这位同学在剪这个太极纹的时候一定用到了老师的小窍门吧！

第五十四讲　怎样剪如意纹

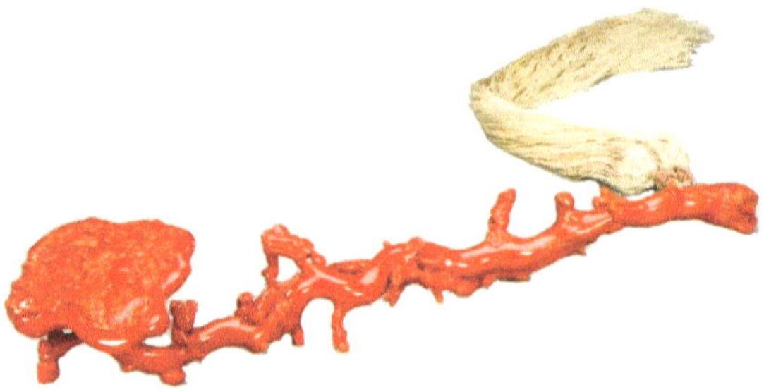

清代　红珊瑚云蝠灵芝纹如意

这一讲我们来剪如意纹。如意纹是由卷云纹演变而来，造型优美，常用于条形装饰物的两端或是飘带的末端，俗称“如意头”，因其寓意吉祥在剪纸中被广泛应用。如意纹样同时也被应用于家具、建筑和服饰上。常见的有“如意头”“双喜如意”“四合如意”。

佳作欣赏

东城区体育馆路小学　李语心

跟我剪一剪

（1）将纸对折，从闭口边开始画出要剪的图案，注意线条粗细要一致。

（2）剪出如意头，在剪的过程中注意左右手的配合，使线条均匀流畅。

同学们，你们看我们剪掉的部分可以做什么呢，或许我们可以把它变成造型独特的便签纸吧，这样你就有属于自己的小秘密了。加油，开动起来吧！

请同学们想一想，如意纹在我们的剪纸中或是生活中还能有哪些用处呢？

剪一剪，试一试

这两件作品能够做到线条粗细基本一致、流畅，给人一种大气且富贵的感觉。

第五十五讲 怎样剪方胜纹

这一讲我们来剪方胜纹。“胜”原为古代汉族神话中“西王母”所戴的发饰，后为古代妇女的饰物。方胜是两个菱形相互重叠组成的图案，有永结同心等吉祥的寓意。方胜与宝珠、古钱、玉磬、犀角、银锭、珊瑚、如意合称“八宝”又称“双八宝”，寓吉祥之意。

宋代官窖的石砖图案

由方胜纹演变而来的盘长纹

佳作欣赏

北京　陶艳春

方胜纹是对称、均衡、连续的构图，具有强烈而简洁的装饰感，表示同心相连、延绵不断的方胜纹，不仅表达了人民对幸福生活、美满婚姻的渴求，同时传达着对生命无限的崇拜和对吉祥的祈盼。

跟我剪一剪

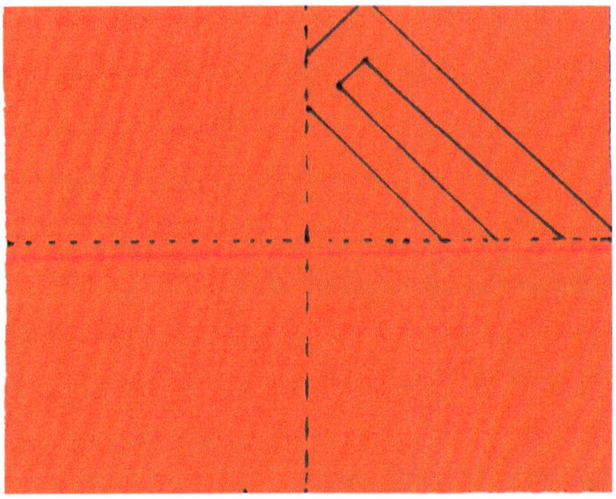

（1）四分法折叠后，画出图案，注意图案中的线条要保持平行。

（2）按照图案的样子剪出方胜纹。

剪一剪，试一试

两件作品很明显是在剪的时候线条没有平行，而且后面这幅作品线条的粗细也不一致。

北京市朝阳实验小学南校　李子悦

东城区体育馆路小学　李语心

上面两件作品分别用了阴刻与阳刻的不同形式表现了方胜纹，纹样在整件作品中处理得当，纹样各处落剪清晰。每一件都是很棒的作品！

第五十六讲　怎样剪连珠纹

这一讲我们来剪连珠纹。连珠纹是串在一起的圆形剪纹，主要用于表现服饰及身上的花纹装饰等。连珠纹剪起来看似简单，但是想剪得漂亮还是要好好练习。

跟我剪一剪

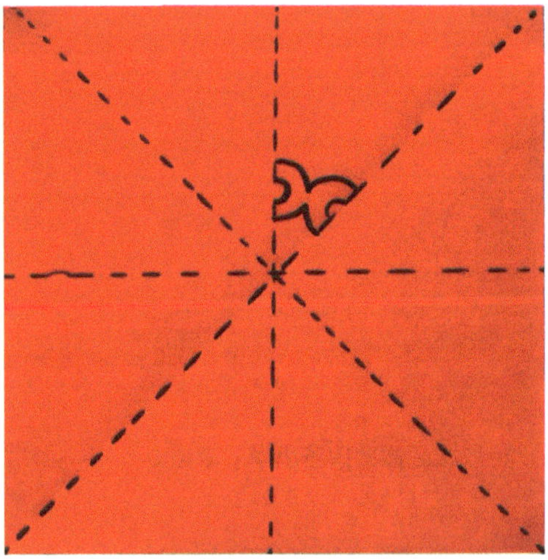

（1）将纸如图一的样子进行折叠，并在折好的其中一份上画好背对背的两个 1/2 圆环。

（2）将剪好的部分打开就是连珠纹。

剪一剪，试一试

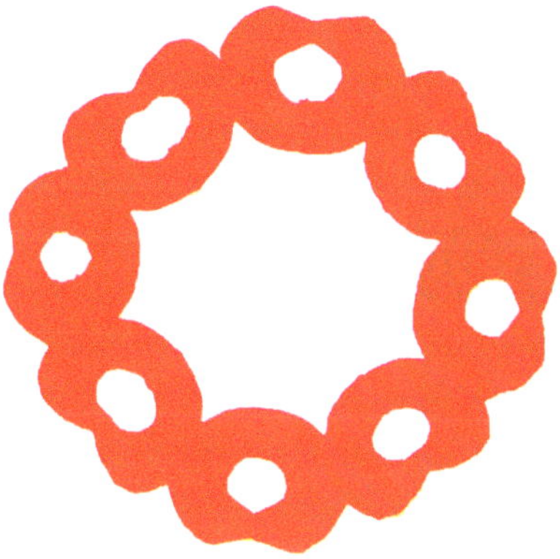

图一

图二

这两幅作品剪的时候入剪太深了，所以打开的时候很明显有向里面弯转的痕迹。我们在剪的时候入剪要相对平，这样就能剪出圆形了。另外，这幅作品将圆形剪成了椭圆形。连珠纹在实际应用中是非常灵活的，上图的作品虽然剪得并不圆，但是单独拿来看也是非常漂亮的，像一个手环，把它戴在手上一定是一件独一无二的首饰哦。

右边这件作品小作者利用连珠纹进行装饰，再加上中间的贯钱纹，一只活灵活现的金蟾就出现在大家的眼前了。这里的连珠纹运用得非常巧妙，很好地诠释了金蟾的形象。非常棒！

东城区体育馆路小学 李语心

第五十七讲　怎样剪旋转纹

这一讲我们来剪旋转纹，旋转纹是月牙纹的一种变形后的组合，给人一种强烈的动感。这类纹样变化很多，在剪纸中的运用也非常广泛，常见于马、牛、羊、猫、狗等动物的身上。旋转纹经过变形后也可以表现火焰、风等造成的气流或漩涡。旋转纹可以顺时针旋转也可以逆时针旋转，但是在应用中多见于顺时针旋转。

佳作欣赏

北京　范荣彪

东城区体育馆路小学　李语心

跟我剪一剪

（1）在纸上画出以一个基本纹样——月牙纹或月牙纹的变形图案为基

础，使其围绕一个中心旋转排列的图案。

（2）沿着画线部分剪下即可。

（1）

（2）

剪一剪，试一试

朝阳实验小学南校　冯佳音

朝阳实验小学南校　唐国浩

这两位同学剪的旋转纹动态感很强，基本能够从一个中心出发，而且组成旋转纹的每一部分大小基本一致，是很好的作品哦！

第五十八讲　怎样剪雀檐纹

这一讲我们来剪雀檐纹。雀檐纹因为很像权贵住的屋檐上的斗拱而得名，它象征着吉祥与富贵，无数个雀檐纹正反相连则有富贵延绵之意，因此在使用时多取其富贵延绵不绝的吉祥寓意。雀檐纹在应用上通常剪成阴剪，剪法比较简单，一正一反排列即可。

佳作欣赏

北京　徐阳

跟我剪一剪

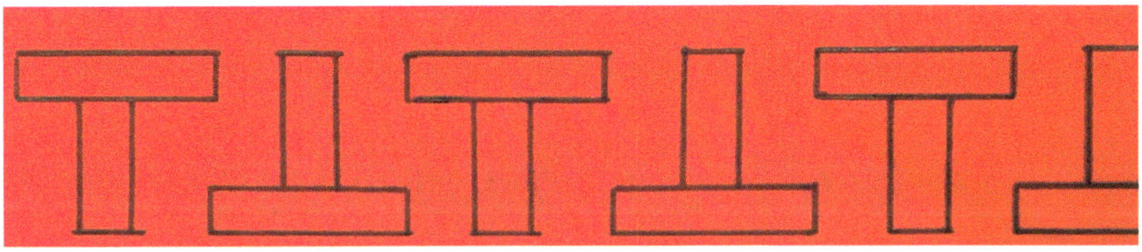

（1）按照图一的样子将雀檐纹一正一反的画在纸上。

（2）用剪刀将雀檐纹剪下来，注意藏好入剪的位置。

剪一剪，试一试

朝阳实验小学南校　刘泽烜

朝阳实验小学南校　李子悦

这两位同学将雀檐纹一正一反地排列在瓶子的底部，真是恰到好处。既体现了吉祥与富贵的美好寓意，又体现了瓶子的结构。

第五十九讲　怎样剪双钱纹

这一讲我们来讲双钱纹。双钱纹是两个贯钱套边而成，寓意“双全”，在剪纸中同样是财富的象征。

清 蝙蝠双钱纹

跟我剪一剪

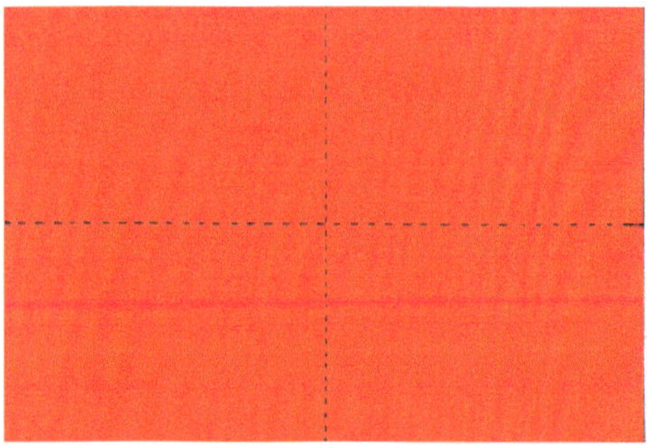

（1）取一张3∶2的纸，用四分法折好。

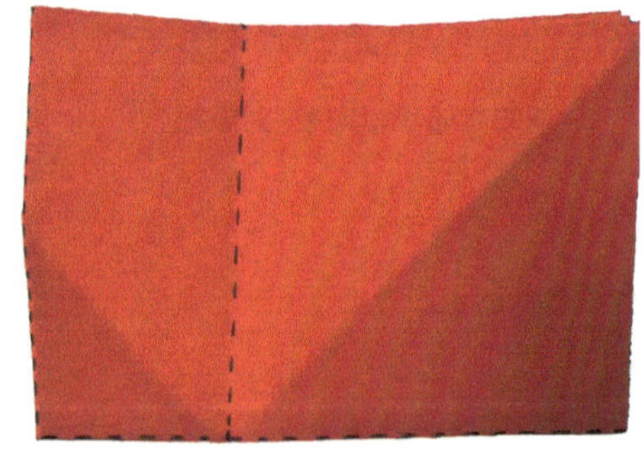

（2）将中缝一端的三分之一折过去，再对角折。

（3）画出要剪的图样，注意线条流畅。

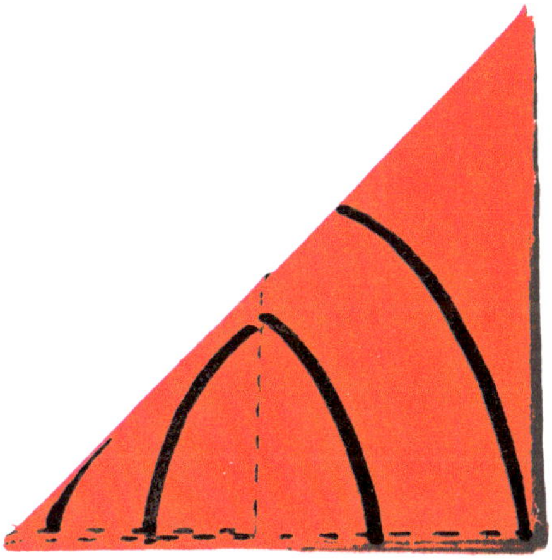

（4）沿着线条剪下并小心地打开。

剪一剪，试一试

图一

图二

图一、图二两件作品很明显是在剪的时候线条没有平行，而且图二线条的粗细很明显不一致。

第六十讲　怎样剪万字纹

这一讲我们来剪“卍”字纹。“卍”它是一个传统的吉祥符号，起源于史前文化。在公元前5000年左右的西亚美索不达米亚时期的陶器上，就发现了“卍”字符号。进入青铜时代后期，“卍”字纹在欧洲也甚为流行，作为装饰性符号。“卍”字纹是由太阳纹演化而来，它在佛教中被认为是万法圆融无碍的象征，寓万德吉祥之意。武则天长寿二年（693年）定“卍”读作“万”，意为吉祥幸福。用“卍”字四端向外延伸，又可演化成各种锦纹，这种连锁花纹常用来寓意绵长不断和万福万寿不断头之意，也叫“万寿锦”。在青海省柳湾出土的原始彩陶中就有这种纹饰。

“卍字无尽头”是卍字的连接和延伸，表示生命无限、生生不息。

跟我剪一剪

（1）将一张长条形状的纸按照二方连续的方法进行折叠；

（2）用铅笔轻轻画出图案；

（3）用剪子细致地剪出图样，注意对入剪位置的处理；轻轻打开小心连接点。

（2）

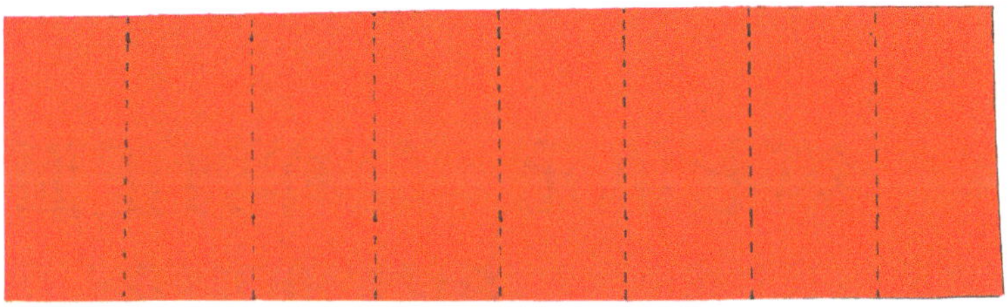

（1）

（3）

剪一剪，试一试

图一

图二

万字不到头剪起来容易，画起花样来却需要十分细心。图一的作品在画花样的时候就出现了问题，所以自然没有剪出预想的样子；图二的作品如果能做到粗细一致，那么一定是一件好作品了！

第七单元　怎样剪正面、侧面和俯视形象

主讲人：刘玉文　代伟静　范荣彪

我们生活的世界是立体的世界，我们可以从不同的角度观察事物。剪纸艺术是平面的表现形式。立体的世界如何用平面的方式表现呢？这一单元，让我们一起探究正面、侧面和俯视的不同表现方法吧！

刘玉文，北京市朝阳区老君堂小学美术教师。2016年，她主讲的《童剪中秋》剪纸课在首届朝阳区课外优秀教育活动课例征集评选活动中，荣获一等奖；2017年辅导学生《美好新生活》剪纸作品荣获全国中小学书画比赛工艺类一等奖；2018年在“传播优秀传统文化 浸润心灵 陪伴成长”市级研讨会上，执教的美术学科诗画创作《惠崇春江晚景》剪纸教学一课被认定为市级研究课。

代伟静，北京市朝阳区老君堂小学美术、书法教师。辅导的学生在2016、2017年全国中小学书法、绘画比赛中多次获得一、二等奖；2015、2016年辅导的学生在校园科技画比赛中，连续两年被评为朝阳区一等奖，本人被评为优秀辅导教师；2018年在“传播优秀传统文化 浸润心灵 陪伴成长”市级研讨会上，执教的美术学科诗画创作《惠崇春江晚景》剪纸教学一课被认定为市级研究课。

范茱彪，北京市人，师承北京剪纸大师徐阳。现为北京民间文艺家协会会员，北京手工艺协会会员。2013 年参加中国（深圳福田）首届国际剪纸艺术作品展。2013 年赴台湾地区采风创作 30 多幅作品，入选《海峡两岸民俗风情剪纸艺术展》。2014 年剪纸《傍晚的小广场》在“中国梦·情之乡土”农民画、剪纸艺术大赛中获优秀奖。2015 年在第五届全国残疾人职业技能竞赛中获得剪纸项目第七名。获北京市第七、第八、第九届职业技能比赛剪纸项目第二名。2016 年剪纸《冬奥龙之梦》入选第六届中国剪纸艺术节暨“中国梦·冬奥情”全国剪纸艺术精品展。2017 年参与《我的大英雄》剪纸系列童书的创作，此书由电子工业出版社出版。

第六十一讲 可爱小鸡（侧面）

主讲人：刘玉文

传统剪纸中，常以侧面的表现方式来概括动物的意象造型，小鸡是较为简单的一种动物，同时也是同学喜爱的小动物之一。这一讲我们要学习侧面的剪纸方法，并尝试用冒铰的方式，完成侧面小鸡的剪纸练习。通过本课的学习，锻炼学生概括小鸡侧面的意象形象的能力，并能运用纹样装饰可爱的小鸡。

《鸡雏待饲图》宋 李迪 绢本设色 北京故宫博物院藏

“鸡”与“吉”谐音，寓意吉祥、大吉大利；小鸡是又称雏鸡，跑起来活泼可爱，常用来代表幼子。雄鸡常常与五只小鸡组合，其寓意是五子登科或教五子。

在汉代，韩婴便在《韩诗外传》中提出“鸡有五德”之说。所谓“五德”，是指文、武、勇、仁、信。因此，小鸡不仅活泼可爱，也能传达人们对吉祥生活的美好愿望。

佳作欣赏

《伙伴玩耍》北京 刘玉文

上面这幅小鸡作品是刘老师观察了一群小鸡后，进行意象概括而创作的，小鸡的身上装饰锯齿纹，毛茸茸的小鸡惹人喜爱。小鸡的侧面造型简单且多变。快来试试吧！

跟我剪一剪

（1）从纸的右侧上三分之一处平剪入纸，剪出小鸡的嘴部，小嘴可以微微张开。

（2）在嘴巴的上面，剪出一条相对平缓的S线。这条S线先向左上运剪，接近纸边时，逐渐向左下转变方向，最后在四分之一处转弯，再次向左上翘起。

（3）向左下运剪，剪出锯齿纹，表示小鸡的尾巴。

（4）下剪入纸，剪刀向右下剪出一条平缓的弧线，弧线在大约四分之一处停止，剪出两只可爱的小脚。

（5）向右上剪出一条平滑的弧线，弧线与小鸡的嘴衔接上，小鸡的外形就剪好了。

（6）用月牙纹装饰小鸡的眼睛，用变形的月牙纹装饰小鸡的翅膀。

（7）在小鸡肚子处剪出两条弧线，然后运用内插剪的方式，剪出锯齿纹，表现出小鸡毛茸茸的特点。

（8）看！稍作改变，就可以剪出动态多样的小鸡了！

小窍门

冒铰并不可怕，仔细观察范例，关注剪刀的行走路线，多试几次，一定可以成功的。

在剪对称月牙纹时，也有小窍门，可以先将局部对折，然后用外插剪的方式剪出半个月牙。

剪一剪，试一试

小鸡的造型虽然呆萌，但是线条不够流畅，需要多加练习。在小鸡的身上再添加一些剪纹，一定会更可爱！

北京市东城区体育馆路小学 李语心

北京市朝阳区老君堂小学 刘子骞

李语心同学的作品能够举一反三，小鸡侧面的造型来自对生活的观察，装饰花纹使用了太阳纹和月牙纹，还添加了变化的月牙纹，作品整体稚拙有趣。

刘子骞同学的作品能够为小鸡添加花朵背景，让作品更加有生活情景，童趣十足。

第六十二讲　飞燕迎春（侧面）

主讲人：代伟静

燕子是春天的象征，也是孩子们很喜爱的小动物之一。这一讲，我们要了解侧面燕子的剪法，用我们所学过的月牙纹、太阳纹和锯齿纹装饰燕子身体内的花纹。通过本课的学习，锻炼学生运用简单的纹样装饰小燕子的能力。

古往今来，有人赞美燕子是春天的使者，有人歌颂燕子是爱情的象征，有人借燕子抒发情怀。泱泱中华以燕入诗的名篇佳句不胜枚举。“旧时王谢堂前燕，飞入寻常百姓家。”“无可奈何花落去，似曾相识燕归来。”

燕子，在古代被视为一种长寿、吉祥的鸟；而燕与宴、晏同音，表示平安的意思，燕子归来报平安。

佳作欣赏

《飞燕迎春》　北京　代伟静

跟我剪一剪

（1）从纸右侧四分之一处入剪，剪出燕子微微张开的嘴巴和向上扬起的头部。

（2）向左上运剪，剪出一条S线，接近纸边时停剪。改变剪刀的方向，改为向左下方运剪，剪出长长的锯齿纹表示翅膀的羽毛，燕子上侧的翅膀就剪好了。

（3）剪燕子的尾巴部分时，先向左下方剪一条平滑弧线，这条弧线要逐渐向左上翘起，直至左侧纸边上四分之一处停剪。然后，从停剪处入剪，向右下方剪出平滑的弧线，这条弧线剪过第一条弧线的二分之一处一点点就可停剪了。

（4）剪一段较长的锯齿纹，以此表示燕子的尾部羽毛。接着，改变剪刀的方向，向纸张的右下角剪一条弧线，接近纸边时停剪。改为向右上剪平滑弧线，燕子似剪刀的长尾巴就剪好了。然后，慢慢改变弧线的方向，形成一条长长的缓慢的S线，燕子的肚子部分也就剪好了。

（5）下面的翅膀和上面的翅膀剪法相同。剪好翅膀后，向右上剪出一条S线与小燕子的嘴巴衔接上。

（6）用月牙纹、太阳纹装饰小燕子的眼睛、翅膀。

（7）剪小燕子的身体的装饰时，先剪出弧线，然后运用内插剪的方式剪出锯齿纹。

（8）还可以剪出嘴里衔枝叶的小燕子。

小窍门

在剪的过程中要仔细观察范例，不断调整剪刀位置，在剪的过程中注意线条的流畅性。其实燕子的眼睛和身体上的月牙纹可以用对折的方法剪。

剪一剪，试一试

图一

图二

上图两幅作品的问题是在剪身体的时候身上的剪纹没有使用传统剪纹。图一没有剪出小燕子尾巴长长的特点，图二的作品运用了对称的方法去剪很有创意，眼睛剪小点会更形象哦。

北京市朝阳区老君堂小学 杨子琳

北京市朝阳区老君堂小学 何宇轩

北京市海淀区图强第二小学　范文雅淇

北京市朝阳区老君堂小学　丁雅棋

看看这几位同学多有想法：他们在剪纸中加入了自己的创意，有的小燕子的嘴里叼了一支柳条，有的在小燕子前面添加了一棵柳树让我们感觉春天到了，又有寓意，又让作品变得更漂亮，这种作品与创意相结合的形式非常值得我们学习。

第六十三讲　招财肥猪（侧面）

主讲人：代伟静

这一讲了解“招财肥猪”的吉祥寓意，并学习招财肥猪的剪法。我们要学习侧面小猪的剪法，用我们所学过的吉祥纹样贯钱纹装饰小猪。

猪，寓意步步高升，金榜题名；古代写金榜要用朱（谐音“猪”）笔写，而“蹄”与“题”谐音，所以猪成了青年学子金榜题名的吉祥物。

俗语说“猪是家中宝”，猪在传统文化中是财富的象征。“猪送元宝”是常见的吉祥造型，它通常是一头肥硕健壮、笑容可掬的猪，立于元宝钱堆之上，双手拱送一枚大元宝，寓意着财神护佑、旺财催富、吉祥如意。民间剪纸中，常常把“肥猪拱门”作为创作题材，可爱的肥猪本身就是一个硕大的元宝，现在俨然成了一个传送福气的使者，看来小肥猪真是旺财吉祥灵物呢！

佳作欣赏

北京市东城区体育馆路小学　李语心

上面两幅作品，小作者添加了自己的创意，几只可爱的小猪造型生动，作品被她装饰得美美的，表现出了吉祥、幸福的寓意。右面的作品是“肥猪拱门”的题材，采用了对称的方法，是不是很有趣呢？

跟我剪一剪

（1）在纸的二分之一处向右上方入剪，剪出小猪的头部和耳朵。

（2）剪一条平滑的曲线表示小猪的背部，接近臀部时逐渐转为向右下运剪，剪至右侧上方四分之一处停剪。

（3）向右上运剪，剪出小猪向上扬起的小尾巴，剪刀再向右下运剪，剪出小猪的后腿。

（4）用平滑的弧线表示小猪的肚子，为了让小猪表现的更可爱，可以把它的两条前腿剪成向前奔跑的姿态。

（5）用太阳纹、月牙纹装饰小猪的眼睛、耳朵和鼻子。

（6）用贯钱纹和锯齿纹装饰小猪的身体。看！一只可爱的小猪就剪出来了。

（7）添加一些小道具，修改小猪的花纹，创作不同的小猪吧！

(1)

(2)

(3)

(4)

(5)

(6)

(7)

剪一剪，试一试

这幅剪纸的问题是小猪的头有些太尖了，鼻子剪得有些过长了，像小老鼠的鼻子了，要注意小猪的外形是胖胖的、鼻子短短的。

北京市朝阳区老君堂小学　吴珈淇

北京市朝阳区老君堂小学　廖舒宇

这两名同学剪的小猪身上都添加了贯钱纹纹样。吴珈淇同学尝试用内插剪的方式完成了贯钱纹，纹样中带着稚嫩的童趣。廖舒宇同学运用了对折的方法剪出了贯钱纹，贯钱纹端正极了。两只小猪表情欢快，造型稚拙有趣，童趣十足。

第六十四讲　吉祥有象（侧面）

主讲人：代伟静

大家一定都很喜欢可爱的大象吧！大象常常出现在剪纸中，它具有美好的寓意。在这一讲中，我们将一起了解大象的吉祥寓意，并继续学习侧面形象的剪纸方法。

几千年来，人们与大象结下了不解之缘，人们喜欢大象，崇拜大象。在中国传统文化里，“象”与“祥”字谐音，所以大象被赋予了更多吉祥的寓意，如以象驮宝瓶（平）为“太平有象”；以象驮插戟（吉）宝瓶为“太平吉祥”；以童骑（吉）象为“吉祥”；以象驮如意，或象鼻卷如意为“吉祥如意”。古人云“太平有象”，寓意“吉祥如意”和“出将入相”。

佳作欣赏

《富贵吉象》 北京 代伟静

跟我剪一剪

（1）从纸的右侧三分之二处开始剪，剪出小象微微张开的嘴巴和长长的象牙。

（2）在象牙的上方，向右上剪出小象长长的鼻子。

（3）向左上运剪，剪出小象的头、耳朵和背部，线条要尽量平滑。

（4）剪出小象的尾巴，尾巴向下低垂，然后剪出小象的后腿，象腿要粗壮一些。

（5）剪出小象的肚子和前腿。

（6）用内插剪的方法剪出太阳纹、月牙纹等纹样，装饰眼睛、耳朵和鼻子。

（8）发挥想象力，大象还可以跳起舞来呢！

小窍门

要剪出一只活泼、可爱的小象，我们要抓住它的特点，头上有一个长长的大鼻子，嘴巴上有长长的弯弯的象牙，四条腿像四根短粗的大柱子一样，尾巴又细又长。

剪一剪，试一试

北京市朝阳区老君堂小学 王思嘉

北京市朝阳区老君堂小学 王晨阳

北京市朝阳区老君堂小学 李涵颖

这几位同学的作品可真有创意、有想法，她们的作品都抓住了小象胖胖的身体、粗壮有力的四肢和长长的鼻子的特点，形象地表现出了小象的可爱动态。

第六十五讲 喜气洋洋（侧面）

主讲人：刘玉文

这一讲我们要学习羊的侧面的剪法，并尝试用传统纹样装饰羊身，表现出喜气洋洋的美好寓意。

青瓷羊 宣城市博物馆藏

在古时候，“羊”与“祥”相通，“祥”字可以写作“吉”和“羊”，用来表示吉祥，因此，羊是“祥瑞”的象征。在现代，“羊”与“洋”读音相同，每逢节庆，常被人们借用其谐音，用羊的意象造型组成“喜气洋洋”之意。

佳作欣赏

《喜气洋洋》 北京 范荣彪

《吉祥幸福》 北京 范荣彪

上面两幅作品来自范老师的十二生肖系列作品，羊头的朝向不同，展现了羊的两种侧面造型方法，生动有趣。两幅作品都是组合作品，不仅有羊的造型，还结合了其他的图案，借“羊”的谐音“祥”，表现出吉祥、幸福的寓意。

跟我剪一剪

（1）从纸右侧上三分之一处入剪，剪出小羊的头部和犄角。

（2）下剪转平剪，用平滑的线条剪出小羊的背部。

（3）剪出小羊的小尾巴后，剪刀向下，剪出小羊的后腿。

（4）用平滑的弧线表示小羊的肚子。为了让小羊的形象变得更加生动、可爱，前腿可以剪出不同的姿态。

（5）用一对变形的月牙纹表现羊的眼睛，用太阳纹装饰羊的鼻子。

（6）用太阳纹、月牙纹组成螺旋纹，以此来装饰羊的臀部。

（7）用锯齿纹装饰羊的身体。

(1)

(2)

(3)

(4)

(5)

(6)

(7)

（8）开动脑筋，改变花纹的装饰，还可以剪出更有意思的小羊。

小窍门

羊是具有极强造型特点的动物，剪外轮廓时尤其注意羊角要大一些，它的弯曲方向是向卷曲的。

剪一剪，试一试

两只小羊整体剪得很有趣，但是羊角粗细不均，细节纹样也剪得比较粗糙。相信多加练习一定会剪得更好的！

北京市朝阳区老君堂小学　杨子琳

北京市朝阳区老君堂小学　唐鑫羽

杨子琳同学的作品是小羊吃草的侧面造型，能将侧面羊的剪法举一反三，让剪纸变得有趣且多变。

唐鑫羽同学的作品能够为小羊添加花朵轮子，让小羊有一种得意的情感表达，创作更加符合得意洋洋的主题。

第六十六讲　红绸飘舞（侧面）

主讲人：刘玉文

这一讲我们要学习人物的侧面的剪法，并尝试用传统纹样装饰衣服，表现出舞动红绸的民间舞蹈姿态。

汉砖乐舞图

绸舞是中国汉族民间舞蹈。绸舞历史悠久，早在汉代画像石、画像砖上已有舞绸者的形象。绸带长短不一，短绸一般用于秧歌等民间歌舞，长绸分单手和双手舞绸，可以舞出不同的绸花。1951 年，长春歌舞团将传统的长绸舞和东北秧歌融为一体，创作演出了《红绸舞》。京剧表演大师梅兰芳及戏剧家欧阳予倩舞的长绸，不用绸棍，而用双手舞绸，还能脱手抛接，技艺高超，堪称绝活。

佳作欣赏

《腰鼓秧歌》

《飘带仙子》

北京　刘玉文

刘老师的两幅作品分别是男生和女生舞动红绸的侧面造型。用剪纸表现侧面人物时可通过发型和服饰的不同来区别男生和女生。作品中绸带造型以曲线为主，表现了绸带轻舞飘动之美，你发现了吗？两种绸带的表现方式不同，分别是阴剪和阳剪的手法。

跟我剪一剪

（1）我们来剪小女孩。先用内插剪的方式，剪出小女孩的头部外形。

（2）在头部的下方，用内插剪的方法剪出左右两个手臂，手臂剪成向上弯曲的弧线，表现出舞动红绸的开心姿态。

（3）向下剪出女孩的裙子造型，注意不要剪断，要保留和绸带的连接点。

（4）在裙子下方剪出小女孩的两只脚，腿部可以弯曲变换姿态，表现出跳跃的动态。

（5）剪出绸带的外形。绸带要有粗细变化，与手相连的部分略细一点。

（6）用月牙纹表现人的眼睛和头发。

（7）用太阳纹、水滴纹组成花朵造型，装饰人物的衣服。

（8）用细长的弧线表现裙子的褶皱。

（1）

（2）

（3）

（4）

（5）

（6）

（7）

（8）

小窍门

侧面人物的外轮廓要剪出尖尖的鼻子和张开的嘴巴，嘴角上翘，剪出笑容为佳。头发部分可以用细长的弧线分割。

剪一剪，试一试

这幅剪纸造型稚拙有趣，但是人物脸部的侧面比例存在问题，鼻子和嘴巴过高，如果头部的上面1/2能表现出额头，造型会更加准确。人物手中的绸带过于沉重，表现不了轻盈的质感，建议在绸带里阴刻几道细线。多加练习，一定会更好的！

北京市朝阳区老君堂小学 酉文烜

北京市朝阳区老君堂小学 杨涵

酉文烜同学能够精准地剪出范例，厉害！作品的线条流畅，侧面人物的面部，可以看到小嘴微张，让观者也感受到了跳舞女孩的快乐心情。

杨涵同学的作品能够举一反三，剪出了两个动态略有不同的侧面人物造型。两个人物组合后，仿佛让欣赏者也听到了音乐，成功地营造出了欢快的舞动氛围，十分有趣！

第六十七讲　抓髻娃娃（正面）

主讲人：范荣彪

这一讲我们要了解正面抓髻娃娃的剪纸方法，并尝试用传统纹样装饰抓髻娃娃身体上的剪纹，表现抓髻娃娃的文化的象征寓意。

《抓髻娃娃》北京 金姬

在民间，抓髻娃娃被称为“喜娃娃”，“喜娃娃”一般是结婚时贴在洞房里的，比喻子孙延续，多子多孙之意，通常称“喜花”。这种“喜花”中最具代表性的要数新婚夫妇新房内贴的“帐房花”，也称“坐帐花”了。

佳作欣赏

《乐园》 北京 徐阳

《龙生凤养雕打扇》 北京 赵雄韬

跟我剪一剪

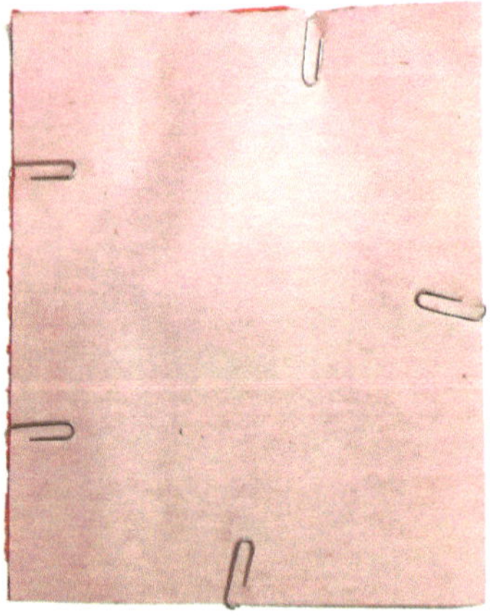

（1）将一张长方形纸竖向对折，用曲别针固定好开口。

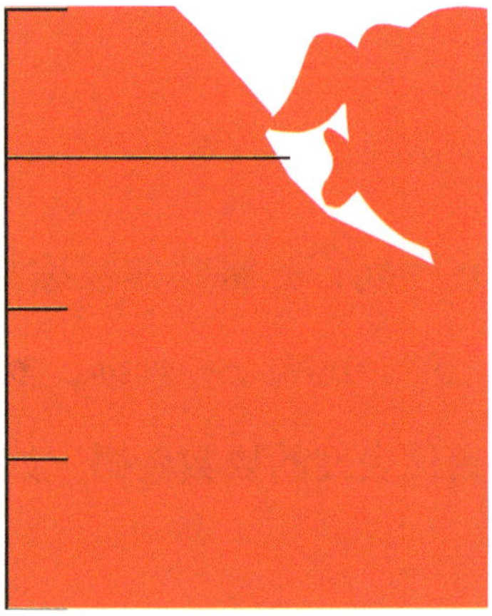

（2）在合口边上端起剪，平剪入刀，剪出抓髻娃娃的头顶和小辫，小辫剪到左侧上四分之一处停。用内插剪的方法，配合剪出微微扬起的小辫子外形和娃娃的脸部轮廓。

（3）在头部下方，继续用内插剪的方法剪出手臂的内侧线条，然后从外侧剪完手臂，手臂尽量向上弯曲。

（4）向下剪出抓髻娃娃的身体，在左侧三分之二处剪一只小鸡造型作为装饰。抓髻娃娃常坐在莲花台上，因此，底部剪出莲花的造型。

（5）从合口处入刀，剪出半个鼻子和半个嘴巴，用锯齿纹装饰抓髻娃娃的头发。然后，用内插法的方式剪出抓髻娃娃的一只眼睛。

（6）在身体部分剪出荷花的形状，并装饰剪纹，腿部参照图样剪出小鱼。

（7）慢慢打开，看一个可爱的抓髻娃娃就剪好了。

小窍门

在剪的过程中，可不断调整曲别针的位置。娃娃身体、肩膀和膝盖处也可以加上小鸡图案，这样就会更加生动有趣了。

剪一剪，试一试

上图抓髻娃娃的问题是头发上的锯齿纹不够细致。在剪锯齿纹时，要做到“落剪有声”每一剪都要剪到位才可以哦！

北京市朝阳区老君堂小学 房世桢

北京市朝阳区老君堂小学 何乐

北京市朝阳区老君堂小学 曹嘉怡

北京市朝阳区老君堂小学 李子伟

看看这几位同学的作品，他们在剪纸中加入了自己独特的想法，每个同学都剪出了自己不同的寓意。房世祯同学巧妙地运用了谐音的方法，在娃娃身体中套嵌了一只鸡，让作品变得更有民间剪纸的寓意。

第六十八讲　中华神龙（正面）

主讲人：范荣彪

这一讲我们了解正面龙的剪纸方法，以及锯齿纹和月牙纹的剪法。

龙在中国传统文化中是权势、高贵、尊荣的象征，又是幸运与成功的标志。在传说及神话中，龙在天则腾云驾雾、下海则追波逐浪、在人间则呼风唤雨，龙是无比神通的象征。

在实际生活中，龙历来代表一种权威或势力，神性日增。龙的各部位都有特定的寓意，如突起的前额表示聪明智慧；鹿角表示社稷和长寿；牛耳寓意名列魁首；虎眼表现威严；魔爪表现勇猛；剑眉象征英武；狮鼻象征宝贵；金鱼尾象征灵活；马齿象征勤劳和善良等。

历代民间画工还相传龙有九似，分别是头似骆驼、角似麋鹿、眼似金鱼、胡似人须、身似蟒蛇、鳞似鲤鱼、爪似雄鹰、掌似猛虎，尾似黄牛。其动势为“S”状，三波九折。

在剪纸生肖中，龙是最不好剪的，尤其是正面龙的形象更是难剪。这一讲，我们用较简便的方法教大家剪出正面的龙，剪纸时要对自己有信心哦！

佳作欣赏

《中华神龙》 北京 范荣彪

跟我剪一剪

（1）将一长方形纸竖向对折，用曲别针固定好开口。在合口边上端起剪，平剪入刀，剪出龙头和龙角。

（2）在龙角下方剪出龙的耳朵，耳朵下方剪出变形的锯齿纹。

（3）剪出龙的尾巴，尾巴向左上翘起。尾巴的上侧依旧延续剪出变形的锯齿纹，尾巴要有粗细变化，尾巴下侧弧线剪至三分之二处停剪。

（4）剪出龙的爪子和平滑的腹部，尽量剪出尖尖的指甲。

（5）用内插剪的方式，剪出龙须、眼睛、眉毛和耳朵等装饰，然后从合口处入剪，剪出半个鼻子和半个嘴巴。

（6）用月牙纹和太阳纹装饰龙的身体，纹样由大到小逐渐变化。

（7）在剪完之后不要着急打开，先检查一下，检查无误后慢慢打开。看！威武的中华神龙就剪好了！

（8）根据自己的想象，还可以对龙角、龙尾以及身上的花纹进行装饰，剪出独一无二的神龙。

（1）

（2）

（3）

（4）

（5）

（6）

（7）

（8）

小窍门

剪龙爪的指甲时，可先把龙爪剪出多余量，再用弧形锯齿纹表现出龙爪的锋利。方法是可以举一反三的，龙身上的变形锯齿纹也可以用这个方法哦！

剪一剪，试一试

这幅作品的问题是头部的龙毛剪得有些生硬，龙角再剪得再圆润一些，小龙的形象会更可爱。加油，再多加练习吧！

北京市朝阳区老君堂小学 聂欣悦

北京市朝阳区老君堂小学 刘子骞

北京市朝阳区老君堂小学 李嘉婧

北京市朝阳区老君堂小学 周旸

看看这两位同学多有想法啊！李嘉婧同学把太阳纹应用到作品中，剪出了神龙的威武神态。周旸同学在中华神龙的身体下方添加了一些祥云，使龙的形象变得更加生动，好像腾云驾雾一样，真是厉害！

第六十九讲　葵花朵朵（俯视）

主讲人：范荣彪

这一讲我们开始学习俯视形象的表现方法，了解俯视花朵的剪纸方法，以及月牙纹的变形和剪法。

向日葵花，又叫太阳花，白天的向日葵追逐阳光，向阳而生。因此，人们常常以它代表阳光，用它比喻光明。太阳花，在艳阳高照的大地上盛开，

它热情似火，还象征着人们对梦想、对生活的热爱。向日葵代表太阳，毛主席曾经说过：“你们青年人朝气蓬勃，正在兴旺时期，好像早晨八九点钟的太阳，希望寄托在你们身上。”太阳花向日葵，也代表了祖国的青年人，代表着新一代的青年人的勇敢拼搏。他们正在勇敢地去建设祖国，去追求幸福的生活，去实现美好的梦想。

佳作欣赏

北京市海淀区图强第二小学 范文雅淇

北京市东城区体育馆路小学 李语心

两幅作品造型充满童趣，用正面的少年儿童形象与俯视的葵花形象相结合，展现了积极向上、充满活力的美好生活气象。

跟我剪一剪

（1）先将纸进行对折，并用曲别针将纸固定好。

（2）画出葵花俯视图的一半线稿。

（3）从合口边剪出作品的轮廓。

（4）用羽毛纹剪出花瓣的轮廓线，再用间断的弧线剪出葵花的花心部分。

（5）打开对折线，在花心处剪出太阳纹。

（6）在太阳纹之间，剪出较长且弧度缓一些的月牙纹。

（7）在弧线的一边剪出短短的间断线。

（1）

（2）

（3）

（4）

（5）

（6）

（7）

小窍门

在剪花心的时候，可以用局部对折的方法剪出太阳纹，也可以剪成小小的方形纹。

剪一剪，试一试

这幅作品的问题是花心部分剪了“井”字纹样，所以中心部分未能连接，出现了较大的镂空。建议剪花心分割线时，不要对折剪，可以用内插剪的方法，逐一地剪线条，边剪边思考，就不会断开了。

北京市朝阳区老君堂小学　陈冠宇

北京市朝阳区老君堂小学　张瑞麟

陈冠宇同学很有耐心，花心部分多次失败也不气馁，终于完成了俯视葵花的剪纸。只要勤加练习，一定会成功的！

张瑞麟同学为葵花加上侧面的茎部，一定是认真观察了生活中的向日葵。剪纸来自生活，一定要多观察生活哦！

第七十讲　富贵金蟾（俯视）

主讲人：范荣彪

这一讲我们了解金蟾的民俗寓意，学习金蟾俯视剪法，以及月牙纹的变形和剪法。

金蟾，即青蛙。自古民间流传有“刘海戏金蟾步步得金钱”之说，由此蟾蜍又被称为金蟾，被赋予旺财、辟邪、保家庭的寓意。因此，我们经常能在店铺、住宅、办公室里看到蟾蜍摆件。

佳作欣赏

《富贵金蟾》北京　范荣彪

《金蛙送子》北京 张志臻

范老师的作品借用鱼的侧面造型巧妙地表现了金蟾的四肢，造型生动有趣。金蟾的身上，装饰贯钱纹表达富贵的美好祝愿。

张老师的作品将金蟾与葡萄组合在一起，造型更具趣味性。葡萄多子，它与金蟾共同组成了金蟾送子的美好寓意。

《金蛙送子》北京 张志臻

这幅作品是组合创作，图中下方是俯视的金蟾造型，身上装饰有盘长纹、莲花和石榴，前爪为鸡，后爪为鱼，象征连绵不断的祝福，作品正中央的猫头鹰是台湾布农人的送子鸟，婴儿的守护神，是灵鸟，是吉祥的象征，作品寓意着多子多福、连年有余、吉祥如意。

跟我剪一剪

（1）从纸的右侧上七分之一处平剪入纸，用两条弧线，剪出金蟾的头。

（2）剪出金蟾的前肢造型，弧线向左上弯曲，前肢上细下粗，前爪先以圆形概括。

（3）向左下运剪，剪出圆润的弧线表示金蟾的肚子。

（4）剪出金蟾的后肢造型，先向左上运剪剪出一条弧线，然后逐渐变为向左下运剪，靠近左侧纸边时，再逐渐改为向右下运剪，前爪先以圆形概括，注意后肢的特点是下细上粗。

（5）用锯齿纹剪出金蟾的前后爪细节。

（6）从头部靠近顶端的右侧平剪入纸，用弧线剪出金蟾的嘴部；用局部对折的方法剪月牙纹，表示金蟾的眼睛。

（7）在身体上、腿上，剪出铜钱纹和自己喜欢的其他剪纹。

（8）在打开以前要做检查，对不满意的部分做修整，慢慢打开，作品就完成了。

（9）太阳纹也可剪成方形纹，开动脑筋试一试吧！

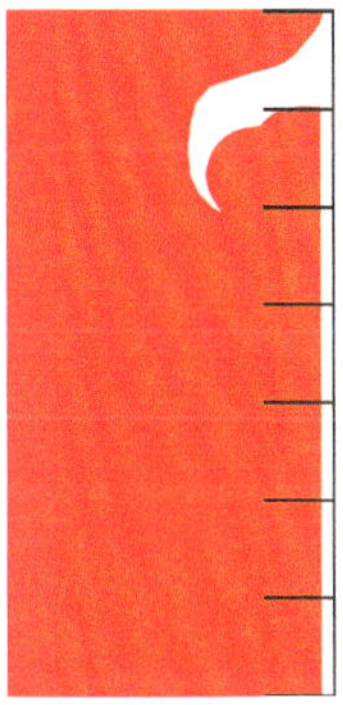
（1）

（2）

（3）

（4）

（5）

（6）

（7）

（8）

（9）

小窍门

剪足部弧形锯齿纹的时候，要在左手旋转纸的同时，右手合上剪刀，才可达到想要的效果。如没有把握，可先找废纸练习几次，练好了再在作品上实施。

剪一剪，试一试

这幅作品的金蟾花纹装饰有新意，后腿造型粗壮有力，但是前腿根部的造型过细，如果造型时能像后腿一样根部粗一些，且线条流畅的剪出前腿，一定会变成一只可爱有趣的小金蟾的！加油！

这幅作品的金蟾的俯视造型生动、有趣！但是嘴部的造型出现了小问题。如果对折剪外形的时候，能够平剪入刀，嘴部就不会出现下陷问题，可以变得更加平滑。

北京市朝阳区老君堂小学　温璐童

北京市朝阳区老君堂小学　孙明祺

北京市朝阳区老君堂小学　温璐嘉

北京市朝阳区老君堂小学　孙明禄

温璐童同学的剪纸作品中灵活地运用了贯钱纹，金蟾的造型憨态可掬！

孙明祺同学经过了多次的练习，金蟾的造型流畅圆润！

温璐嘉同学结合金蟾的寓意，添加了铜钱的装饰，并能与金蟾的前腿巧妙地结合在一起，创意十足！

孙明禄同学善于观察生活，了解金蟾的生活环境，添加了莲花和小花的元素，让金蟾变得十分可爱、活泼。

第八单元 怎样运用拟人法

主讲人：金素清　苏敏　何红月

拟人法是在中国民间剪纸中一种常用的手法。拟人，就是把动植物和非生物当成人来表现，给它们赋予和人一样具有行为和感情。拟人法的作用在于将要表现的物象的特点更加清晰地表现出来，使人对所表达事物更加了解，产生兴趣和深刻的印象，产生强烈的共鸣。这一单元我们将运用拟人法对自然现象、植物、动物进行表现。

《玉兔捣药》　福建　董乙菲

金素清，福建省柘荣县文化馆干部。中国民间艺术家协会会员、福建省民间文艺家协会会员、福建省剪纸专业委员会委员、柘荣剪纸市级非遗代表性传承人、宁德市工艺美术名人、福建省青年民间工艺能手、福建省五一巾帼标兵。

2018 年作品《“时代楷模”廖俊波》获福建省“学习贯彻十九大精神·我们迈向新时代”主题征集评选剪纸类一等奖；2020 年获福建省剪纸职业技能竞赛一等奖；剪纸绘本《中秋节的传说》获 2020 年中图绘本教育联盟主办“第三届主题原创绘本征集出版活动”优秀作品奖。2018 年辅导钟幸妤、吴亦瞳创作儿童剪纸作品《村里来了文艺演出车》《太空快递员》分别在“第四届全国儿童剪纸作品展”荣获一等奖、二等奖，本人获优秀指导老师。与徐阳合作出版《十二生肖故事》剪纸画册。

苏敏，福建省霞浦剪纸市级非遗传承人，现为中国民间艺术家协会会员、中国非遗保护协会职专委委员、福建省工艺美术学会会员、省剪纸协会会员。作品多次参加国家级、省级展览并获奖，《鱼灯欢庆》《吉祥如意》分别获 2017 年第

12 届中国（莆田）海峡艺博会金奖、银奖；《畲心向党》获 2018 年福建省“学习贯彻十九大精神·我们迈向新时代”主题征集评选剪纸类一等奖；《三沙欢迎您》组图获 2019 年浙江省“特色小镇”剪纸大赛铜奖；剪纸绘本《众志成城　抗击疫情》（6 幅）获 2020 年中图绘本教育联盟主办“第三届主题原创绘本征集出版活动”优秀作品奖。

何红月，中国民间艺术家协会会员，阜新市民协主席，阜新剪纸代表性传承人、阜新市三八红旗手标兵、新邱区优秀政协委员。其剪纸以中国传统吉祥图案为主，常为婚礼、春节剪制吉祥剪纸作品。并从阜新文化为出发点，以汉族、蒙古族、满族文化为基础创作大量的作品。

2013 年《吉祥查玛舞》获辽宁省“迎全运、爱家乡、建辽宁”剪纸艺术展铜奖；2015 年《蒙古贞查玛舞》在纪念中国人民抗日战争暨世界反法西斯战争胜利 70 周年全国剪纸名家精品展获优秀奖；2016 年作品《查玛舞》在第四届中国非物质文化遗产博览会传统工艺（剪纸）大赛获达人奖；2017 年全国非遗进校园研讨会暨剪纸展评为先进非遗传承人；2019 年 5 月，《非遗之花绽放校园》入选中国民协组织的庆祝中华人民共和国成立 70 周年民间剪纸展。

第七十一讲　太阳公公哈哈笑

主讲人：何红月

这一讲我们学习如何运用拟人法表现太阳，让太阳具备人的表情。

中国文化遗产标志—太阳神鸟

商代金箔饰品“太阳神鸟”，距今已有3500年的历史了！图案中四只神鸟代表天地四方，十二条光芒代表一年十二个月份，四只神鸟围绕着旋转的太阳飞翔，周而复始，循环往复，生生不息，体现了远古人类对太阳及鸟的强烈崇拜。

佳作欣赏

《中秋节的传说》组图　福建　金素清

古人认为太阳里有金黄色的三足乌鸦，之所以会日出日落，是这只金乌负载着太阳活动的原因。因此金乌也作为太阳的别名。在后羿射日的神话中，后羿射中太阳后，太阳化为金黄色的三足乌鸦落下。

跟我剪一剪

（1）取一张正方形纸张。

（2）从横中线对折。

（3）再竖向对折成小正方形。

（4）以对角斜线为轴对折成三角形。

（5）在纸上画出抛物线，表示太阳的光芒，再用细细的月牙纹表示太阳。

（6）剪出太阳的光芒和圆形的太阳。

（7）打开到半圆。

（8）在中轴线上剪出太阳的鼻子、嘴和眼睛。

（9）笑呵呵的太阳剪出来啦!

（10）动动手，加上不同的装饰，还可以剪出不同的太阳噢!

（1）

（2）

（3）

（4）

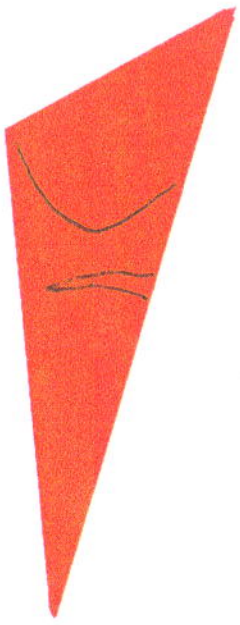

（5）

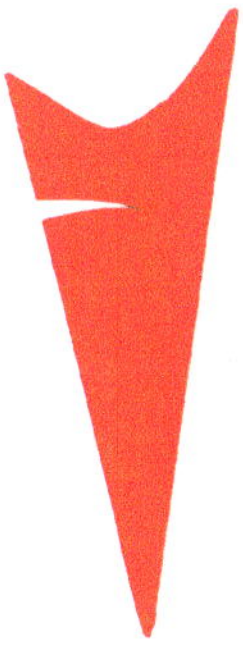

（6）

（7）

（8）

（9）

（10）

剪一剪，试一试

辽宁阜新阿金歹小学　戚家

辽宁阜新阿金歹小学　路砼岩

小作者能运用水滴纹、月牙纹、尖锥纹等纹样来表现太阳的表情，形象地表达出太阳的喜怒哀乐。同学们都来把心里的太阳剪出来吧！

第七十二讲 爱旅游的房子

主讲人：何红月

根据旅游的主题，给房子进行拟人化表现。

《贪吃的房子》 辽宁 何红月

饕餮纹，青铜器上常见的花纹之一，最早见于长江中下游地区的良渚文化陶器和玉器上，盛行于商代至西周早期。兽面纹有的有躯干、兽足，有的仅作兽面。“饕餮纹”是后人的称呼。

饕餮兽的形象是古人融合自然界各种猛兽的特征而成的，饕餮是传说中极为贪食的恶兽，贪吃到连自己的身体都吃光了，所以其形一般都有头无身。在房子上运用饕餮装饰，表达房子也和人一样，想吃很多好东西。

跟我剪一剪

（1）在纸上剪出房子的外轮廓。

（2）给想去旅游的房子设计手和脚能行走，并举着小旗拉着行李箱。

（3）运用月牙纹等剪纹剪出房子的五官。

（4）用月牙纹、波浪纹在屋顶上剪出房子山川河流，表现房子的想法：能游遍名山大川；去旅游的房子就剪出来了。

（5）用对称的方法剪房子旅游时开心地打鼓庆祝的样子。

（1）

（2）

（3）

（4）

（5）

剪一剪，试一试

作者把房子比喻成小姑娘，长长的睫毛，笑眯眯的眼睛，想着星星天空的那边，会有更美丽的家园。

北京密云区第六小学　郭嘉宁

作者在学习教师作品的基础上有自己的想法和设计，把房子当成是自己，戴上太阳帽，穿上了滑冰鞋，拎着一个行李包就能滑行着去旅行。

福建省柘荣县实验小学　钟幸妤

辽宁省阜新阿金歹小学　张晴

辽宁省阜新阿金歹小学　尹旭

瞧！这两座房子带着行李箱，举着小旗，迈开腿，开心快乐结伴游，世界任我行。

第七十三讲　快乐的汽车

主讲人：何红月

汽车是我们日常生活中的交通工具，小朋友们能看到各种各样的汽车，我们今天就用拟人的方法剪快乐的小汽车。

佳作欣赏

河南　任建现

辽宁　何红月

跟我剪一剪

（1）从帽子开始剪汽车的外轮廓。

（2）车头用对折方法剪汽车窗户的眼睛、开心笑的大嘴，露出可爱的牙齿、车灯。

（3）打开对折的车头，剪出西瓜帽子，并用贯钱纹装饰汽车的轮子。

（4）剪出车窗，一辆俏皮的汽车向我们驶来了。

（5）瞧！我设计的馋嘴水果车。

（1）

（2）

（3）

（4）

（5）

剪一剪，试一试

小作者在剪纸中设计了人们坐公交车的场景，可见小作者对于拟人法的理解不透彻，应该是将公共汽车本身进行拟人化的表现。

浙江省宁波市北仑区高塘小学　祁琬悦

浙江省宁波市北仑区高塘小学　金子若

小作者的想象力大胆，发散性思维强，将小汽车的拟人法扩展到火车，而且表现得十分到位，火车头是脸，有大大的眼睛、笑不合拢的嘴巴，还别出心裁地设计了花朵鼻子并给火车头分别戴上蝴蝶结和小礼帽，体现了火车的性别。

第七十四讲　叶子宝宝历险记

主讲人：苏敏

这一讲我们学习通过给叶子添加五官和四肢来表现叶子的动作和神情。

佳作欣赏

《叶子奇遇记》　福建　苏敏

有一天，两片叶子相遇了，他们在一起开心地玩耍。遇到大风时他们好害怕，大风走了，天黑了，他们依依不舍，约定以后要经常见面，做一对好伙伴。

跟我剪一剪

（1）取长方形的纸张，左右对折，从中线开始，剪出叶子的叶柄和上半部分，叶柄稍稍倾斜。

（2）剪出叶子宝宝的身体，在叶子的中部和下部剪出手和脚。

（3）用月牙纹和锯齿纹来设计叶子宝宝的五官。

（4）用细细的弧线纹来刻画出叶脉，打开对折的部分，给叶子宝宝加上鼻子，剪掉一边叶柄，添加叶脉装饰，叶子宝宝就完成了。

（1）

（2）

（3）

（4）

小窍门

给叶子内部添加叶脉的装饰，会更形象噢！

剪一剪，试一试

小作者剪了一个长胡子的叶子，很可爱，美中不足的是叶子外形不够准确，也没有添加叶脉装饰。

这幅作品，小作者掌握了叶子的外形剪法，叶子外形清晰，装饰均匀。这是一片可爱的小叶子哦。

福建省霞浦县西关小学 卓灵萱

第七十五讲　爱运动的石榴娃娃

主讲人：苏敏

石榴千房同膜，是多子的象征，造型优美、寓意吉祥，是婚俗喜花剪纸中应用最多的图形之一。石榴和娃娃组合，有多子多福的意思，深受人们喜爱。

佳作欣赏

《石榴娃娃爱运动》　福建　苏敏

通过给石榴设计各种动作并添加运动器材，让石榴娃娃变成运动小健将。

跟我剪一剪

（1）取一张长方形的纸，左右对折。从中线上部开始，剪出石榴的叶冠外形。

（2）向下剪石榴的上半部身体，在身体中部剪出手，并向上剪一条四分之一圆形的线做绳子，可以剪粗一点。

（3）在石榴的下端剪出脚；注意手、脚都要剪得短一点，突出石榴可爱的特点。

（4）在石榴的叶子与身体之间剪一条细细的月牙纹，作为区分线；用向下弯的月牙剪出石榴笑眯眯的眼睛，用向上弯的月牙剪出石榴微笑的嘴巴。

（5）用圆点纹、花朵纹、锯齿纹装饰石榴的脸颊部分。在跳绳的可爱的石榴娃娃就剪出来啦！

（1）

（2）

（3）

（4）

（5）

（6）

小窍门

剪石榴时，注意手脚要短、肥，突出“萌”的特点，眼睛要又弯又小，笑眯眯的感觉就出来了。

剪一剪，试一试

这两个小石榴都非常可爱，一个还穿上了裙子，但外形结构不符合石榴的特征，偏离了石榴的样子。

福建省福州市井大小学　江梓妍

石榴娃娃的形象丰满生动、活泼有趣，小作者在石榴的脸部和下肢装饰了叶子，两手握着花骨朵，眼睛炯炯有神。整体形象匀称、布局合理。

福建省霞浦县西关小学 赖思瀚

这两幅作品形象虽然简单，但很有童趣，通过小朋友的直觉，使石榴的形象更像一个小男孩，突出了拟人法的表现形式，让人忍俊不禁。

第七十六讲　森林守护神——树爷爷

主讲人：苏敏

这一讲学习通过给大树添加五官来表现大树的表情，鼓励学生设计动态来表现大树的行为。

佳作欣赏：

《大树》　广东　吴海凤

跟我剪一剪

（1）将纸张左右对折；从中轴线的上部开始向下剪波浪线，剪出大树的树冠。

（2）在树冠下剪出向上托起的大树的手臂和小鸟，在手臂下方剪出树干。

（3）在树干上给树添加表情。

（4）在树冠上剪出枝干、叶子和果子。

（1）

（2）

（3）

（4）

小窍门

大树爷爷年纪大了，可以把眉毛剪粗一些，眼角加上皱纹，胡子弯弯的长一点，剪出爷爷慈祥的样子。

剪一剪，试一试

作品一

作品二

作品 1 的树爷爷形象逼真，但是没把手掌剪出来；作品 2 的大树形象整体过于简单，没有剪出树干，还可以做进一步的修改。

福建省霞浦县西关小学　赖思瀚

福建省霞浦县西关小学　卓灵萱

两幅作品的大树造型稚朴，形象可爱。第一棵大树笑容可掬，小鸟飞来唱歌；第二幅作品中，两只小鸟吵架了，谁也不理谁，树爷爷在当调解员调和矛盾，童趣十足。

这幅作品作者是个可爱的小姑娘，她创作的树就像她本人一样，是一个俊俏的树姑娘。你看树冠里装饰了枝叶和花朵，大眼睛水灵灵的，长长的睫毛还有一对大酒窝，还引来了小鸟在树上放声歌唱！

福建师大二附小　董乙菲

第七十七讲　吹唢呐的猴子

主讲人：金素清

这一讲一起了解猴在中国传统文化中的含义，发挥想象力，大胆表现猴的拟人化行为。“猴”与“侯”同音。“侯”又象征官禄，所以猴子图案广泛应用于吉祥文化中。“侯”是中国古代贵族爵位的第二等，即公、侯、伯、子、男，共五等。因此，猴子被赋予了丰富的文化内涵。猴子形象造型生动、富于生活气息，民俗剪纸中常采用同音和隐喻手法，寓意功名指日可待，表现了中国古人对美好生活的愿望、追求和精神寄托。

佳作欣赏：

《喜上加喜》　福建　董雅萍

《猴抽烟》　福建　董雅萍

跟我剪一剪

（1）剪个大月牙般的猴子的脑袋，微微上扬。

（2）在小脑袋的正下方剪两只向前伸的猴手，大步走的猴脚以及向上翘的尾巴，瞧！可爱的小猴子走来了。

（3）开动小脑筋，用学过的月牙纹、圆点纹、朵花纹、锯齿纹来打扮小猴子吧！可以是单独使用也可组合使用这些剪纹噢！

（4）还可以从猴子嘴巴开始设计一个唢呐，注意唢呐和猴手要连接上。瞧！乐队的唢呐手出现啦！

（5）还可以试试给小猴子手上设计一把烟枪。瞧！猴子老爷爷走来了。

（1）

（2）

（3）

（4）

（5）

小窍门

剪猴子时，注意头大身体小，一定要设计月牙形的脑袋，让猴嘴微微上扬，这样动感十足，活灵活现！

剪一剪，试一试

福建省柘荣县实验小学 钟幸妤

福建省柘荣县实验小学 吴亦曈

爱学习的小猴子、剪纸小达猴，两位小作者将拟人法学透了，把小猴子当成是小朋友，把小朋友的日常行为设计在小猴子身上，稚拙有趣、憨态可掬。

《晨练》　福建省柘荣县实验小学　刁昕蕾　张君哲

猴子很聪明，能模仿人所有的行为。这不，小作者让她们剪刀下的小猴子加入晨练队伍了，有的跳扇子舞，有的跳绳，有的举重。

第七十八讲　提灯笼的小老鼠

主讲人：金素清

这一讲了解鼠在中国传统文化中的含义，引导孩子通过场景设计在剪纸中将鼠拟人化表现出来。

鼠是 12 生肖之首，由于鼠的繁殖能力强，生命力旺盛，在中国民俗文化中被视为“多子”的象征。民间认为鼠性通灵，能预知吉凶灾祸，是一个具有无比灵性，聪慧神秘的小生灵。

佳作欣赏

《鼠鼠的幸福生活》 福建　苏敏

跟我剪一剪

（1）先剪个横向大水滴形的脑袋，在脑袋上加上两个半圆形的大耳朵，就是鼠的头部啦。

（2）在脑袋下方剪出小老鼠的手、身体、脚，可以根据你的需要进行动态设计。

（3）再运用圆点、锯齿纹、柳叶纹、月牙纹、朵花纹来装饰小老鼠，美滋滋的小老鼠走来了。

（4）让小老鼠提盏小灯笼，看戏回家不怕黑！

（5）让小老鼠撑把伞，遮阳又挡雨。

（1）

（2）

（3）

（4）

（5）

小窍门

剪小老鼠时，注意头大身体小，嘴巴一定要尖，这样小老鼠的形象才会生动噢！你想让你的小老鼠做什么呢？把它想做是人，来试试吧！

剪一剪，试一试

小作者设计了一个爱学习爱养生的鼠小弟，造型生动有趣，但将眼睛部分全部镂空，像是鼠瞎子。另外，剪工偏粗糙。

老鼠在生活中一点儿也不讨人喜欢，但在儿童的世界，小老鼠化身为可爱的小精灵。你看，它头上戴着蝴蝶结，手上拎着小篮子准备去菜市场买菜呢。

福建省柘荣县实验小学　钟幸妤

《幸福一家鼠》　福建省柘荣县第一小学 陆文欣　福建省柘荣县实验小学 刁昕蕾

两位小作者合作设计了鼠的一家，年迈的鼠奶奶坐在板凳上摇着团扇，等着吃大餐；喜欢烹饪的鼠妈妈拿着炒锅和锅铲准备煮菜；而勤劳的鼠爸爸也没闲着，把屋子打扫得干干净净。

第七十九讲 轻舞飞扬的蝴蝶姑娘

主讲人：金素清

本讲了解蝴蝶在中国传统文化里的吉祥寓意，学习用对折的方法剪制蝴蝶，给蝴蝶设计人物的五官和表情。

在中国传统文化里，蝴蝶有多种美好的寓意。蝴蝶是幸福、爱情的象征。双飞的蝴蝶是自由恋爱的象征，表达了人们对自由爱情的向往与追求。蝴蝶忠于爱情，一生只有一个伴侣，是昆虫界忠贞的代表之一，因此“蝶恋花”常被用于寓意甜蜜的爱情和美满的婚姻，表现人类对至善至美的追求。民间有“梁祝化蝶”的传说，表达了至美至真的生死恋情；“彩蝶双飞”则经常用于婚嫁饰品中，祝福新娘新郎白头偕老。另，蝶与“耋”同音，有长寿之意。

佳作欣赏

《蝴蝶妈妈》 贵州 苗族

《蝴蝶姑娘》 山东 惠勇侠

跟我剪一剪

（1）取一张纸，左右对折。

（2）从中轴线上方起剪，先剪出小姑娘的椭圆形的脑袋，然后将辫子巧妙设计成蝴蝶的触角。

（3）在脑袋下剪一小段脖子，这个很重要哦！然后转动纸张剪出蝴蝶的翅膀、尾部。

（4）运用水滴纹、锯齿纹、柳叶纹、月牙纹等剪纹从内向外装饰蝴蝶的翅膀，上翅可以复杂点，下翅要稍简单些，两个翅膀的剪纹要呼应。

（5）让我们打开看一看，哇！美丽的蝴蝶姑娘飞来了。

（6）当然，我们也可以设计一个蝴蝶弟弟噢！

（1）

（2）

（3）

（4）

（5）

（6）

小窍门

蝴蝶是精灵的化身，要想剪出轻盈的蝴蝶，要注意上面的翅膀大，下面的翅膀要小点。蝴蝶的身体部分要窄，不要太长，这样才能显得轻巧。

剪一剪，试一试

福建省柘荣县实验小学　吴亦曈

福建省柘荣县实验小学　钟幸妤

蝴蝶姑娘是美的化身，是轻盈的小精灵。两位小作者给自己的蝴蝶设计了美丽的花纹、精致的五官、甜美的表情及别出心裁的发型，完全是当成小姑娘来打扮。

第八十讲　森林狂欢节（综合）

主讲人：金素清

在这一讲里，我们要巩固之前学习过的动植物和非生物的拟人手法，并将学过的形象进行组合、再次创作。

回忆一下，在前面九讲里，我们学习了太阳公公、小汽车、房子、石榴、叶子、桃子、猴子、小老鼠、蝴蝶的拟人表现手法，你喜欢哪些形象呢？把它剪出来放在下面的圆圈里吧。

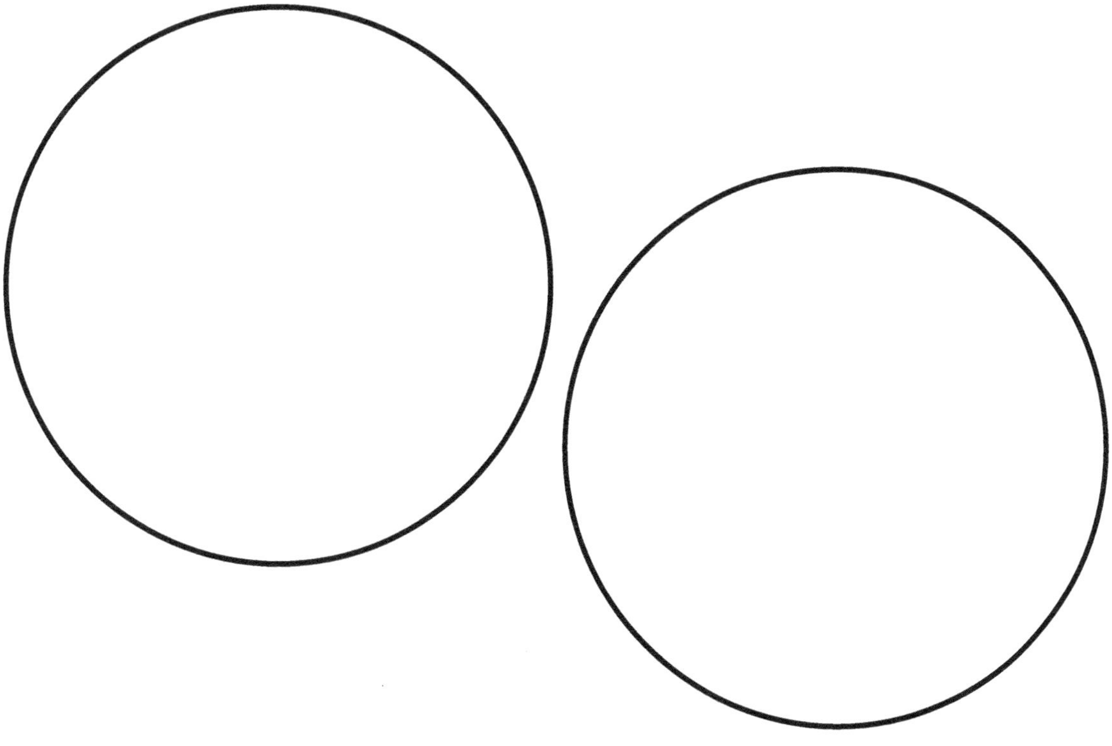

快来！森林里举办了一场音乐会，你们看，是谁在弹奏动听的曲子？

《兔子音乐会》 北京 李语心

《森林音乐节》 福建省福州市金山小学 曾如萱

秋天来了，这是个丰收的季节，森林里要举办一年一届的“森林狂欢节”！来吧，请出你的小伙伴，唱起来！跳起来吧！

第九单元　怎样剪门笺

主讲人：吴海凤　任建鲲　陈　晨

门笺是指人们在春节悬贴于门楣、窗楣上的剪纸。挂笺也叫“门笺”“挂钱”，古代也称“门彩”“斋牒”，是一种中国传统剪纸艺术。门笺从汉晋时代的金、银彩幡胜演变而来，昭示着春天的到来，有万象更新之意。门笺一般为长方形，题材内容大多由吉祥图案和字词组成，如：福、寿、四季平安等，有的是花样组合。门笺张贴时通常是一门5张，颜色各异，由左至右次第为头红、二绿、三黄、四水（小红）、五兰（或紫），由眉头、膛子、穗子三部分组成。

挂笺在中国民间还有很多传说，如用“（剪）破纸”阻止穷神进门。又传，古时候，过年挂桃符以驱邪魔，后人将桃符一分为二，变成了门对和门彩。“门彩”便是今天的挂笺，表达了人们对幸福生活的向往。这一单元让我们用不同表现方法来剪门笺吧！

《挂笺》　福建　苏敏

《五福临门》　河南　任建鲲

《幸福有余》　河南　李津凤

吴海凤，深圳市宝安区“艺术剪纸”项目非遗传承人，深圳市宝安区美术家协会新桥分会副会长，传统文化高级教师，宝安区新桥街道剪纸传承示范基地教学负责人，现为宝安中学（集团）第二外国语学校教师，致力于剪纸教学、研究、创作。个人作品在《南风艺术》《改革与创新》《工艺美术家》《宝安日报》《晶报》《秋光》等发表。2016 年被评为宝安区“十佳巧手”“宝安区公益大使”称号。2018 年 7 月获得香港非遗剪纸才艺大赛金奖；2018 年 9 月获第六届“神州风韵”全国剪纸邀请赛铜奖；2019 年 6 月荣获宝安区第三届民间艺术美术精品展金奖。

任建鲲，荥阳市第六小学美术教师。河南省美术骨干教师，河南省“一校一品”示范校特色剪纸项目优秀指导教师，郑州市“创客教育”示范校剪纸项目负责人。荥阳象棋文化剪纸市级非遗代表传承人。在“第三届全国儿童剪纸作品展”中，其论文、剪纸被评为 2016 年全国非遗进校园研讨会暨剪纸优秀论文、优秀作品。辅导的学生在2018年“第四届全国儿童剪纸作品展”获得一等奖，本人荣获优秀辅导教师。辅导的学生作品多次对外展出。

陈晨，河南省实验中学美术教师，艺术学硕士。学校剪纸社团指导老师。曾获首届中国美术教师艺术作品年度奖、教育部指导工作二等奖、全国妇联优秀指导教师工作奖、中央电化教育馆推荐优秀教育资源、第十一届民运会剪纸花民族情 560 米剪纸长卷优秀创作奖、全国非遗进校园优秀辅导教师、河南省文化和旅游厅剪纸大赛创意奖和优秀奖、河南省教育系统优质课一等奖、河南省教育厅先进个人、省直团工委先进工作者、郑州市文化广电和旅游局最佳抗疫作品奖等荣誉。本人及辅导学生的剪纸作品多次在国家、省级获奖、入册、收藏。

第八十一讲　飘动的春幡——门笺

主讲人：吴海凤

通过这一讲的内容，了解门笺的吉祥寓意，运用贯钱纹、盘长纹、如意纹等吉祥符号初步制作一张门笺。

门笺剪纸有着深刻的文化内涵，深深地融入了人们日常生活中。门笺剪纸常见的吉祥题材有：福、禄、寿、喜、如意、盘长、方胜、三多、连年有余、喜上眉梢，等等，表达人们对生活的热爱和美好向往。

（1）

（2）

（3）

（4）

《吉祥门笺》 深圳 吴海凤

门笺通常表达人们心中愿望，蕴含着吉祥寓意，如图（1）蝙蝠及如意纹样，有“幸福如意”之意。图（2）白菜、铜钱纹、富贵纹等有“百财富足”之意。图（3）喜娃为民间吉祥物，表达人们对丰收的期盼。图（4）莲，谐音“连”，眉头用了盘长纹，强化了人们对连生贵子、连年有余美好生活的向往。

跟我剪一剪

（1）取一张长方形红纸，竖着对折，开口向右，规划好三部分，上为“眉头”，中间为“膛子”，下面为“穗子”。

（2）剪膛子：在纸张中部剪个上小下大的半个葫芦的轮廓。

（3）从中线起剪，在葫芦上部剪半枚铜钱纹；在葫芦下部剪半个如意纹。

（4）在膛子内，在葫芦以外添加重叠的月牙纹，并在左上角适当加上叶子，注意要线线相连。

（5）剪眉头：取上面一等份剪眉头，从中折线起剪，靠中心位置剪半个铜钱纹，然后在铜钱纹外周添加花瓣纹。

（6）剪穗子：右下角外缘部分剪弧形波浪纹，把其余的部分叠成 4 份，再剪出倒水滴状穗子。

（7）展开，把作品压平，一个漂亮的门笺就完成了！

（1）

（2）

（3）

（4）

（5）

（6）

（7）

小窍门

告诉你一个小秘密：剪铜钱纹用的是柳叶纹，镂空4片柳叶纹就是铜钱纹，这个作品是对称剪纸，所以只要镂空2片柳叶纹就可以啦！

门笺应为长方形，这幅作品纸张可以稍长一点。眉头部分过长，导致穗子略短了些。动手改一改吧！

剪一剪，试一试

深圳市宝安中学第二外国语学校小学部

曾紫莹

深圳市宝安区万丰小学

陈卓泠

这两幅作品眉头、膛子、穗子三部分结构合理，尤其右图眉头用铜钱纹大胆表现，膛子的葫芦以外部分加了藤叶，把生活中观察到的情景表现在作品中，很赞哦！

除了葫芦，还有蝙蝠、南瓜、莲花、鱼等都有吉祥寓意，只要合理运用，就会创造出更多吉祥寓意的门笺哦！

第八十二讲　多样的天头花（眉头）

主讲人：吴海凤

天头花（门眉）在门笺的上部，作为主体膛子部分的内容补充或达到一种呼应关系，因此有画龙点睛之意。天头花有阴阳之分，通常以字或吉祥寓意图案为题材。通过简单图案，使学生了解天头花的剪法。

佳作欣赏

（1）

（1）铜钱纹及花瓣组合，寓意生活富足美好。

（2）

（2）盘长纹寓意连绵不断，生生不息。

(3)

（3）双贯钱纹寓意儿女双全，上面再加一个更强化了作品寓意。

（4）圆形寿字纹，有健康长寿之意。

(4)

天头花（眉头）　吴海凤　深圳

跟我剪一剪

（1）眉头为门笺的上部，为横向长方形。

（2）把纸张横向对折，开口向右。

（3）从中折线起剪，剪到上侧三分一处开始向下剪出柳叶纹，接着以柳叶纹为中心依次向外镂空花瓣。

（4）也可以以阴剪的方法，从中折线起剪，从上侧三分一处开始用线条剪出中间花瓣，接着依次线条剪花瓣。

（5）剪制完成，展开，阴剪、阳剪的天头花完成了。

(1)

(2)

(3)

(4)

（5）

（6）

小窍门

以上的3个范例都是与花有关，因此，先剪中心线的花苞，确定好位置，花瓣外形都是向外散开，再依次剪花瓣就不难了哟！

剪一剪，试一试

（1）

（2）

第一幅作品花瓣的锯齿纹方向朝下不对哟，要朝上！

第二幅作品太过于花哨，显得没有重点，两个大的铜钱纹还可以修剪一下，整体圆一点，四片柳叶纹要再均匀一点！

深圳宝安中学（集团）第二外国语学校
吴依宸

深圳市宝安中学（集团）第二外国语学校
黎思雅

左面作品剪的不错，花的锯齿纹朝向正确，剪纹优美均匀。

右面作品使用阴剪的方式，线条均匀、圆润，多加练习，一定会剪得更好哟。

这幅作品富贵花开，5 个铜钱纹衬托花开的意向，富贵花开，铜钱纹代表富贵，表达美好之意。

第八十三讲　阴剪字笺

主讲人：吴海凤

阴剪字笺，指的是以阴剪吉祥寓意字的方法来设计门笺，常用字为：四季平安、年年有余、吉等，字通常在门笺的眉头或膛子部分体现。通过这一讲的内容，了解带字的吉祥寓意门笺，学会运用对称字来完成作品。

《四季平安纹》流行于清代。一只瓶子里插着四季花卉图案，或瓶上绘四季花，表示一年四季平安愉快。中国民间常把四季花作为四季幸福美好的象征。

佳作欣赏

《四季平安》门笺中，蝙蝠的“蝠”与“福”谐音，寓多福、幸福。“铜钱纹”有富贵、财富之意，表达人们对一年四季福禄安康、生活富足美好的追求和向往。

阴剪字笺《四季平安》深圳　吴海凤

跟我剪一剪

（1）准备一张长方形纸，以红色为主，有喜庆之意。

（2）左右对折，折口边在左，开口边在右。

（3）再往上对折，膛子部分在左下方，在膛子的右上角先剪一个带叶子的铜钱纹。

（4）然后把纸张打开，中间呈现一个菱形部分。从中折线起剪用阴剪方法剪半个“吉”字。

（5）用对折的方式剪出如意纹样穗子，注意穗子右边部分是剪斜波浪形。同时在膛子上面与眉头之间用柳叶纹镂空。

（6）剪眉头：用阴剪线条方式镂空花瓣。

（7）展开作品，大功告成啦！

（1）　（2）　（3）　（4）

（5）　（6）　（7）

小窍门

同学们，在阴剪字的时候，要做到线线相断哦！比如，“吉”字下面的“口”用的是线与线相断，以保存字的结构。

剪一剪，试一试

此作品过于方正，应改为长一点。穗子上面一排镂空出现断裂现象，没有做到阳剪线线相连哦！

这幅作品修改后很好，眉头、膛子、穗子安排得阴阳交替，恰到好处，给人以秀美的感觉。

深圳市宝安中学（集团）第二外国语学校
万静焓

除了“吉”字，还有“丰”“春”等字是左右对称，想想看，还有哪些吉祥的文字能对称剪制呢？

阴剪字笺　深圳　肖志梅

左图作品“福”有幸福、接福之意，寄托了人们对幸福生活的向往。

右图“吉祥如意”中膛子部分为蝶恋花，蝴蝶美丽，轻盈，象征甜蜜的爱情和美满的婚姻。

第八十四讲 阳剪字笺

主讲人：吴海凤

阳剪字笺，指的是以阳剪吉祥寓意的字来设计门笺，常用字为：恭喜发财、福禄寿喜、财源广进、春，等等。字通常在门笺的眉头或膛子部分体现。通过这一讲的内容，了解带字的吉祥寓意门笺，学会运用对称字来完成作品。

春节时，人们最喜爱把“恭喜发财”门笺贴于门楣上。“恭喜发财”是春节期间人们拜年时互相祝贺的一句流行语。《论语》曰：“恭，近于礼；喜，犹福也。”鲁迅在《过年》中写道：“放鞭炮，打麻将，拜年，‘恭喜发财’！”

佳作欣赏

以下作品中“恭喜发财”“福”“财源广进”为具有代表性阳剪吉祥字，表达人们对生活富足的期盼，作品中蝙蝠的“蝠”与“福”谐音，同时加了“铜钱纹”“如意纹”等，有幸福安康、如意吉祥、财源滚滚之意。

阳剪字笺《恭喜发财》　深圳　吴海凤

阳剪字笺《福至花开》
深圳　曾蕙芸

阳剪字笺《财源广进》
深圳　庞桂连

跟我剪一剪

（1）准备一张红色长方形纸，代表喜庆之意。

（2）对折，折口边在左，开口边在右。

（3）再将纸往上折一下，在膛子部分右上角剪一朵兰花，注意连接。

（4）在膛子主体部分剪出 1/4 圆，使圆与边框、兰花连接。

（5）打开纸张，在半圆部分从中折线起剪，剪出半个“春”字，注意春字应与圆的边框连接。

（6）剪眉头：先将眉头部分往下对折，剪出方胜纹。

（7）展开作品，大功告成啦！

（1） （2） （3） （4）

（5） （6） （7）

小窍门

要抓住门笺的特点和组成部分，把门笺对折后分成四份，上面一等份为眉头，中间两等份为膛子，下面一等份为穗子，规划好位置，是不是觉得容易多了呢？

剪一剪，试一试

小朋友，请擦亮小眼睛哟！看看这个作品哪里不太合理呢？你发现了吗？这个作品穗子部分占的比重过大了。若把门笺分为四等份，膛子部分为主体，占的比例大约两份，眉头和穗子应该各占一份哟！

深圳市宝安中学（集团）第二外国语学校
吴依宸

深圳市宝安中学（集团）第二外国语学校
江佳鹏

两位同学作品均以阳剪“春”字为主题，左图用了葫芦形状把春字镂空，右图用圆形将春字镂空，很有创意，也有吉祥寓意，眉头、膛子、穗子结构合理，进步好大哟！

你还发现还有哪些吉祥寓意的字可以对称剪成吉祥的字笺呢？

《春暖花开》

《幸福长寿》

第八十五讲　飘逸的穗子

主讲人：任建鲲

通过这一讲的内容，了解吉祥门笺“穗子”设计制作方法，学会用吉祥纹样让作品更生动。

挂钱，是贴在门楣、房檐上的一种剪纸，新春佳节，挂钱与对联搭配着贴，一是表示一种祝福，表示吉祥如意，二是象征着富有，即有钱的意思。

挂钱的来历，据说和爆竹是一样的，都是为了驱赶那个叫作“年”的怪兽，爆竹是以其声音来吓唬“年”，而“挂钱”则以其颜色来刺激“年”的眼睛。

佳作欣赏

《吉祥三多》　任建鲲

《虎虎生威》　任建鲲

跟我剪一剪

（1）取一张长方形红纸，竖着左右对折，注意开口向左哦！

（2）纸张左侧对折（双层处）把轮廓留稍宽一点，右侧对折两次，一定要折整齐继续靠近内边折叠两次。

（3）剪穗子：剪一个铜钱纹；下部剪圆弧装饰，底部修成尖头儿更好看，完成后，把边框两边修剪成“刀”形，完成（如方案一）。

（4）穗子两边的也可设计成“云头”纹的轮廓，注意为增加作品的韧性，可强调图案之间要线线相连（如方案二、方案三）。

（1）

（2）

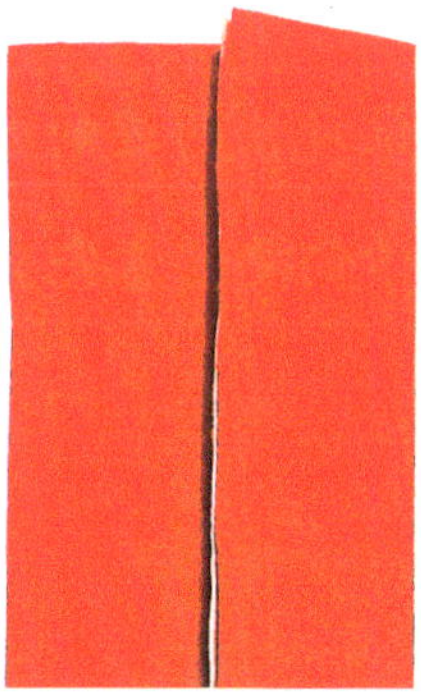

（3）方案一

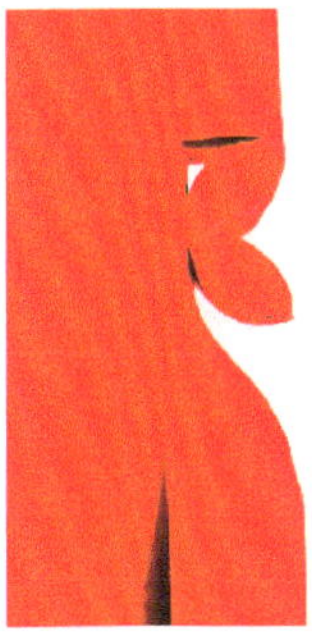

（4）方案一完成

（5）方案二

（6）方案二完成

（7）方案三

（8）方案三完成

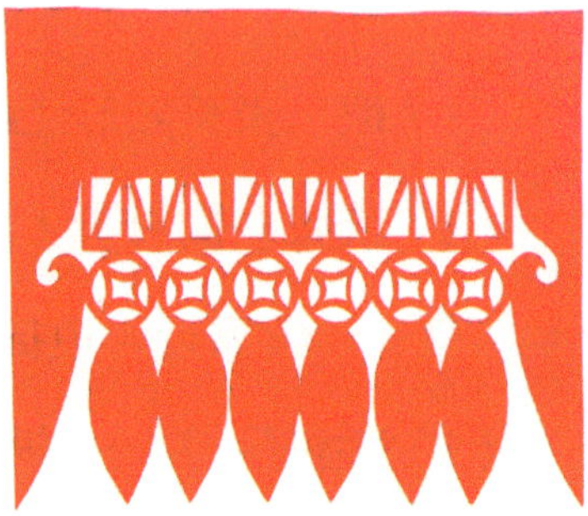

小窍门

告诉你一个小秘密：剪铜钱纹和柳叶纹的组合是门笺最常用的穗子设计，两边的只有两层可最后剪，中间的穗子折叠后，稍厚一点，同学们要注意安全用剪刀。每一条穗子都要均匀、平整。

这个挂笺镂空的地方比较少，把蝙蝠中间用各种折剪纹镂空装饰一下，可以把穗子制作得均匀、平整一些，剪成尖形的，或者在穗子上剪一个铜钱纹，可以使作品更生动。

荥阳市第一小学　孙晓

荥阳市第六小学　刘治

荥阳市第六小学　李津凤

这三幅作品眉头、膛子、穗子三部分结构合理，莲生娃娃、富贵有余、莲生百财，作品来源于生活，用的是不同的穗子造型，表达了人们对生活的美好愿望，你还能想到哪些纹饰呢？

除了铜钱与柳叶纹纹饰，还有很多种形式都可以用作穗子的设计，只要合理运用，就会创造很多种式样。

第八十六讲 漂亮的花样笺

主讲人：任建鲲

通过这一讲的内容，了解不带字的“花样门笺”的吉祥寓意，学会运用单独纹饰完成作品。

门笺的样式不仅有直接表现心愿的字笺，还有通过图案委婉表达心愿的花样笺，多选被赋予了吉祥、纳福、招财、辟邪、护生、续子等美好寓意的吉祥图案，表达人们对美好生活的向往。

佳作欣赏

《富贵双至》挂笺 河南 任建鲲

《富贵临门》挂笺 河南 任建鲲

跟我剪一剪

（1）取一张长方形的纸张，竖向沿中心线向左边对折。

（2）在纸张的纵向靠左边三分之一处折一条竖线，用来确定两边框子的边线。在纸张的上下部确定“眉头”和“穗子”位置，通常“眉头”距离是“穗子”长度的一半。

（3）在靠近中心线的一侧分别规划好，眉头、穗子、膛子的图案造型位置。

（4）将穗子位置平均分成三份，最左边下部设计成“刀型”，把中间和右边纸张对折，右上部分别沿正方形角部画出“钱币”。右下部剪出细缝完成穗子制作，眉头的“钱币”纹饰，制作方法相似，图案共用中间“米粒”纹。

（5）在靠近中心线的位置手绘好牡丹的图案造型，完成膛子的制作。一个漂亮的花样笺就完成了！

（1）

（2）

（3）

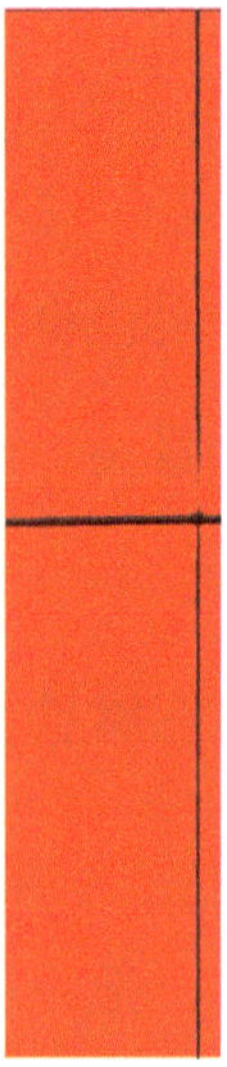

（4）

（5）

（6）

小窍门

告诉你一个小秘密：可以运用对折的方式把学会的“钱币”“花瓣”“叶子”纹饰多重复几次，让造型更丰富。要注意运用阴刻与阳刻纹饰对比关系。

这幅作品运用对折的方法表现门笺，门笺的三个结构全连接在一起，没有明显的区分，天头花、膛子、穗子缺少明显的边框。

剪一剪，试一试

《春到花开》
河南省荥阳市第六小学 秦跃武

《花开富贵》
河南省荥阳市第六小学 王若熙

这两幅作品表现大胆，将燕子与花瓣结合在一起，用春天的符号表现美好寓意。牡丹一直被视富贵、吉祥、幸福、繁荣的象征。

蝙蝠、春燕、牡丹等都有吉祥寓意，只要组合得当，就会创造出更多的好作品。

第八十七讲　拼贴门笺

主讲人：任建鲲

春节时大家最爱挂的门笺是彩色的，它们和红红的春联一起装扮家门，年味十足。门笺发展到今天，用色会因地而异。天津崇尚红色，黑龙江则喜欢红、绿、紫等颜色，山东苍山、临沂有挖补五色挂笺：“头红、二绿、次紫、末清、黄当中”，都是表达了人们对生活的美好愿景。

运用彩色拼贴的方法，让挂笺看起来更加生动、漂亮。来发挥你的聪明才智，尝试一下吧。

佳作欣赏

《多子多福》　河南　任建鲲

《事事如意》　河南　任建鲲

跟我剪一剪

(1)

(2)

(3)

(4)

(5)

（1）首先完成一个《牡丹挂笺》的制作，挂笺的制作和上一讲相同；

（2）打开挂笺将作品铺平；确定好膛子上图案的位置。

（3）分别找出适合花边、叶子、花蕊颜色的纸张，放在对应图案下边，确定好图案的大小。

（4）用固体胶把对应衬纸贴在挂笺的膛子上，并用干净的纸张压平。

（5）贴完之后，一个漂亮的祝福笺就完成，可以挂起来“富贵”临门了。

小窍门

告诉你一个小窍门：张贴时，一定要把胶面涂抹在底板上（膛子处），胶体不可太多，适中即可，然后将彩色拼贴的作品放在膛子中间，最后用干净的纸张覆盖轻轻压平，避免出现褶皱。再将覆盖的纸张去掉，一幅彩色拼贴门笺就完工了，动手试试吧！

剪一剪，试一试

这幅剪纸花朵很有气势。如果用镂空拼贴的方法表现图案造型，会更加生动，四周边框的纹饰可以再丰富一些。

《春暖花开》河南荥阳市第六小学　王若熙

《春到家门》河南荥阳市第六小学　任怡静

小作者掌握了拼贴门笺制作方法，运用传统纹饰表达美好愿望，建议镂空的背景更多一些，更显门笺特点。

拼贴门笺，颜色上还可以再丰富一点，只要搭配合理、组合得当，就会收获更多的快乐。

第八十八讲　门笺大变身

主讲人：任建鲲

我们已经掌握了门笺的基本制作方法。同学们，你们知道吗？门笺不仅悬挂在门楣上，还能应用到很多地方。这一讲，我们学习用挂笺表现形式制作“书签”。

春节时挂在门楣上的剪纸。一般都是挂单数。“五张为一堂，中凿连钱文，也叫挂笺”。外形如锦旗，外轮廓较宽，有单色、有多色。其图案多是规整的几何纹和带有吉祥内容的花纹，更多的是将吉祥文字或者图案组合进去，一张一个吉祥寓意，成套悬贴，喜感十足。

跟我剪一剪

（1）取一张长方形的纸张，竖向沿中心线对折。

（2）在靠近中心线的位置分别规划好眉头、穗子、边框的“钱币”造型的位置。

（3）在纸张的上下方向靠左边三分之一处确定一条竖线，用来确定两边框的边线。在纸张的上部靠右边沿位置确定“眉头”的“钱币”造型位置，通常“眉头”距离是“穗子”长度的一半。

（4）在纸张左侧三分之一的位置利用对折的方法绘好钱币图案造型，完成左右边框制作。

（5）将穗子纸张的位置平均分成三份，最左边下部设计成“刀型”，把中间和右边纸张对折，右上部分别沿正方形角部画出“钱币”造型，并剪出钱币纹饰。右下部剪出细缝，完成穗子制作。

（6）在设计膛子图案时，分别用黑纸和白纸对折剪出“春燕”身子和脖子的组件！

（7）将白纸（春燕脖子）和黑纸（春燕身子）粘贴在一起。

（8）把粘好的春燕贴在书签的合适位置，一个励志勤学的门笺式书签就完成了！

（1）

（2）

（3）

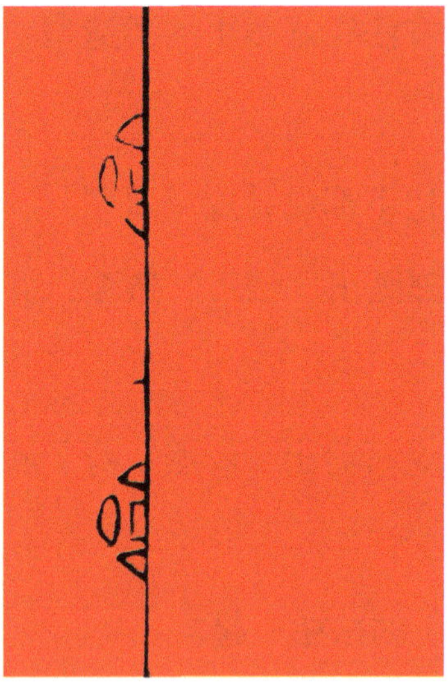
（4）

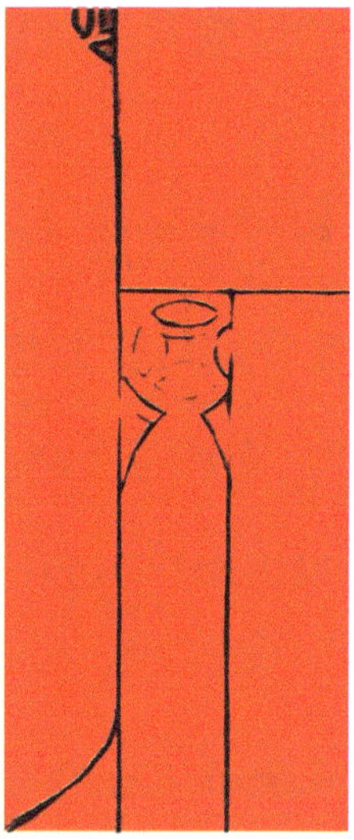
（5）

（6）

（7）

（8）

小窍门

告诉你一个小秘密：门签中很多造型都是重复的，我们在制作时，可以利用对折剪的方法提高效率。春燕是报春使者，爱家，勤奋。希望小朋友也像春燕一样努力向上。

小作者自己设计了一个门笺式“专属书签”，真棒。如果能让可爱的小猪眼睛弯一点，嘴巴再翘一点，笑得更开心，会更可爱。别忘了制作门笺“眉头”哟。

剪一剪，试一试

《鸿运当头》

《开开心心》

河南省荥阳市第六小学　张随今　张随月

《勤劳小蜜蜂》

河南省荥阳市第六小学　孙晓

《丰收吉庆》 书签

河南省荥阳市第六小学 任怡静

添加上漂亮的中国结，就做成了很有趣的门笺式书签。剪纸作品创作大胆，也很实用，建议增加一些传统纹饰，更能体现浓浓的中国味。

漂亮的门笺式书签，是新年的最好礼物，勤劳的春燕和小蜜蜂都是爱学习的榜样，只要肯开动脑筋，就会从传统文化中找到更多的自信。

第八十九讲　阴剪——叶子

主讲人：陈晨

古往今来，许多文人墨客都留下了赞美树叶的诗句。比如唐代诗人杜牧的《山行》写道：“停车坐爱枫林晚，霜叶红于二月花。”陕西民间歌谣流传着：“汉妃抱子窗前耍，巧剪桐叶照窗纱”。《史记》中也记载有周成王剪桐封弟的故事，都在诉说着大自然与历史的渊源。今天这一讲，我们就以梧桐叶为例子，一起来学习民间剪纸中的阴剪法。

梧桐，又叫青桐。碧叶青干，挺拔昂扬，象征着高贵与非凡。古语云：“栽下梧桐树，自有凤凰来。”传说美丽圣洁的百鸟之王凤凰只喜欢栖息在梧桐树上，寓意着品格高洁，祥瑞降临。在民间剪纸作品中，梧桐常与喜鹊组合，谐音“同喜”，寓意吉祥美好。

佳作欣赏

《叶开五福》河南　陈晨

《招财桐叶》河南省实验中学　刘宛漪

《叶开五福》是以梧桐叶子为主题的五折团花，采用阴剪的方法，主要装饰符号有月牙纹和柳叶纹。五枚叶柄巧妙地组合成五角星，叶子的间隙形成寓意吉祥的葫芦图案。整幅作品构思新颖巧妙，简练生动，富有趣味。

《招财桐叶》非常有创意，中间是民间传统的吉祥符号铜钱纹，四周装饰有花瓣纹，像一朵美丽的铜钱花点缀其间，生动可爱，整体剪味儿十足。

跟我剪一剪

（1）取一张长方形红纸，竖向对折。

（2）开口在左边，合口在右边，从中轴线顶端下剪，剪出梧桐树叶的桃心形尖部，在左侧纸边和中轴线之间二分之一处停剪。

（3）转动纸张朝上，剪出小水滴的形态，改变运剪方向朝左上方，剪出一条 S 线。

（4）运剪方向改为向右下方，在距离纸边 1 厘米处开始，剪一条圆滑的弧线。这条弧线从左到右逐渐变窄，直至左侧纸边和中心线之间上二分之一处停剪。向右上方剪出圆滑的弧线，直至中心线的二分之一处，距离纸边 0.2 厘米处停剪。梧桐树叶的外形就剪出来了。

（5）运剪方向改为向下方，剪出叶柄。注意细节，这是一条由细渐粗的修长弧线。瞧！一枚完整的梧桐树叶剪影完成了。

（6）再给树叶装饰一下。在中轴线上剪出半个细长的柳叶纹，临近叶尖处停剪，这是主叶脉。在主叶脉上剪出三个半个月牙纹，间距平行斜向左上方。

（7）用内插剪的方式剪出两条侧叶脉。注意这两个月牙纹要根据叶片的形状呈放射状走势。

（8）在两条侧叶脉上剪出若干半个月牙纹，根据叶脉走势错落有序排列。最后，可以在叶柄上方装饰一个圆点纹，使作品显得活泼灵动。

（9）轻轻展开，压平。这样，一枚运用阴剪法剪制的梧桐树叶作品就完成了。你学会了吗？

（1）

（2）

（3）

（4）

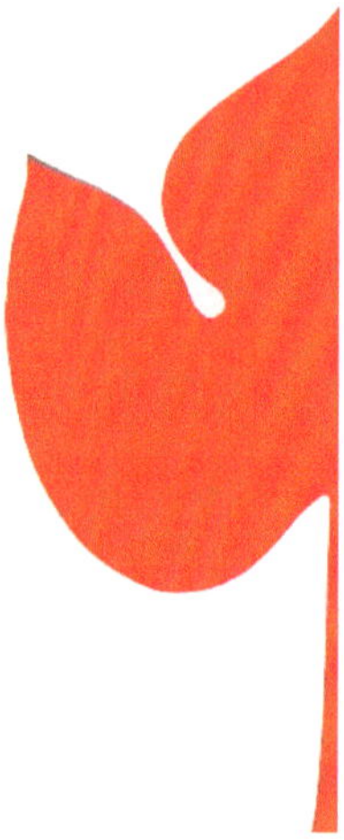

（5）

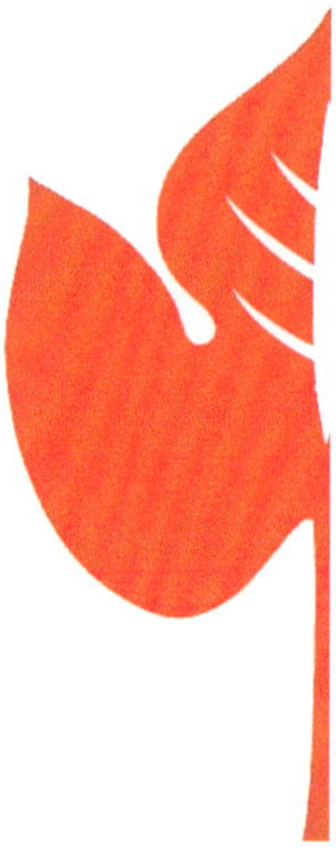

（6）

（7）

（8）

（9）

小窍门

在动手剪制作品之前，一定要仔细观察所要表现物象的特征。比如这节课学习用阴剪法脱稿剪的梧桐叶子，整体形状像心形，大大的，又像人的手掌。有三到五个裂片，呈三角形，顶端渐尖，细细的叶柄与叶片等长。这种用折剪的方式表达轴对称图形，作品展现出一种均衡美，对于初学者来说，简单易学。

剪一剪，试一试

这位同学的习作整体感不错。对梧桐叶子的外形把握得较为准确。美中不足的是主叶脉略粗，显得空洞。梧桐树叶中间的主叶脉是一个长条形，可以用细长的柳叶纹剪出来，两边的侧叶脉可以用稍微带点弧度的长月牙纹去表现。

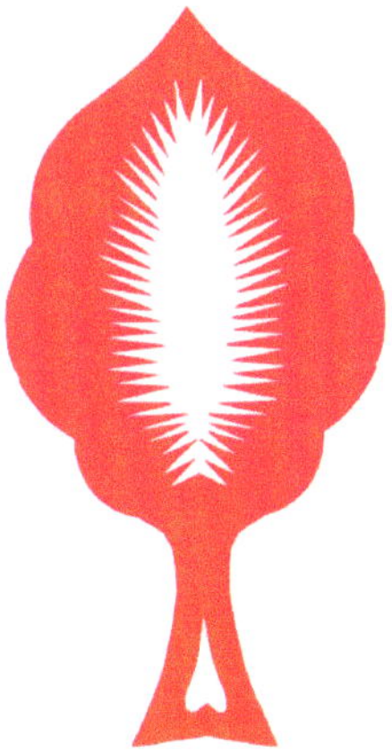

郑州市文化路一小　夏民昊

河南省实验中学　宋子萱

郑州市文化路一小　黄驿媛

河南省实验中学　杨子仪

夏民昊同学用反向锯齿纹把叶子的中间镂空，不同于一般的阴剪作品，用一条柳叶纹表示叶脉，有个性的创意，简约而不简单。

宋子萱同学的银杏叶外形很有动感，几个细长的月牙纹把扇形叶子分组，中间装饰有牡丹花纹饰，给作品增添了几分灵动。

黄驿媛同学的作品简洁形象，运用简单的柳叶纹和月牙纹，就把叶子的特征展现到位，和富有变化的外形搭配，和谐生动。

杨子仪同学剪的树叶外形饱满，内部装饰有一圈锯齿纹，尖如麦芒的特点表现得淋漓尽致，可见课后下功夫反复练习了。

可以看得出这几位同学非常用心，每个人的作品都散发着独特的魅力。那是因为他们有认真观察，耐心细致的好习惯，大家要向他们学习哦。

作品赏析

剪制作品之前，一定要用心观察，找准物象的特征，否则容易剪成“四不像”的哦。行动起来，用你灵巧的手，剪出你眼中那一片美丽动人的叶子吧。

第九十讲　阳剪——叶子

主讲人：陈晨

同学们，上一讲我们以梧桐叶为例子，体验了民间剪纸的阴剪技法。今天这节课，我们仍然以自然界中的叶子为主题，继续学习民间剪纸中阳剪法的表达。

佳作欣赏

《福禄桐叶》　河南　陈晨

《招财桐叶》　河南　刘宛漪

《福禄桐叶》采用阳剪的方法，中心饰有双葫芦纹样，弧度略显夸张的叶脉围绕周边，线线相连，构思巧妙，寓意吉祥。葫芦谐音“福禄”，双葫芦也称葫芦盘长，是伏羲女娲的变体，梧桐叶饰有双葫芦有生生不息，旺运纳福的吉祥寓意。

《招财桐叶》把同一片梧桐树叶运用民间剪纸的阳剪技巧，同样的结构造型，同样的吉祥符号，不同的剪制技巧，让原本朴实无奇的叶子变得熠熠生辉，这就是民间剪纸的魅力所在吧。

跟我剪一剪

（1）取一张长方形红纸，竖向对折。中心线居左，开口向右。

（2）从左上角入剪，向右下方剪一道弧线，在离中心线 0.3 厘米、下侧纸边 1 厘米处处停剪。运剪方向改为右下方，剪出叶柄。注意细节，这是一条由细渐粗的短小弧线。瞧！一枚完整的对折树叶剪影完成了。

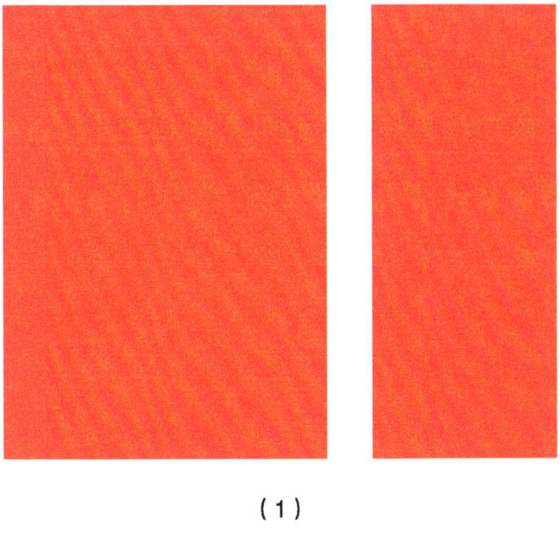

（1）

（2）

（3）下面我们运用掏剪的方法剪出树叶的纹理。在需要镂空的部位用剪刀尖轻轻扎眼起剪，转动纸张，间距平行斜向左上方，每一条叶脉都在距离主叶脉边缘处停剪，用镂空的方法剪出等宽的叶脉。

（4）在树叶右侧外形边缘剪出锯齿纹。轻轻展开，压平。看，一枚运用阳剪法剪制的树叶作品就完成了。你学会了吗？

（3）

（4）

小窍门

在动手剪制作品之前，除了把握好树叶的形象特征之外，还要注意运用好阳剪技巧。要保留物象的结构造型线条，剪去其他部分，完成后的作品是线线相连的效果。

剪一剪，试一试

这位同学的习作有整体感，看得出能够掌握阳剪技法。特别是叶子外形边缘的锯齿纹排列均匀，为作品加分。略显瑕疵的地方是侧叶脉线条太平，若稍微带点弧度，这枚叶子会更显生动优美。

河南省实验中学　龚子言

郑州市澳新文一国际小学　包润璞

河南省实验文博学校　李奕萱

河南省实验中学　崔丁懿

龚子言同学勇于挑战，把梧桐叶子复杂的外形和内部结构用阳剪技法表现出来，造型准确，形象生动。

包润璞同学采用的方法是保留主叶脉，其余部分镂空，作品整体构图饱满，形象生动。

李奕萱同学把老师的范例进行了改良，运用了反向锯齿纹，表现出的效果和同学的作品有异曲同工之妙，我们要学习她的创新精神，大胆个性地去表达。

崔丁懿同学很有创意，几条侧叶脉附着在主叶脉上，均匀对称地朝向斜上方，再加上饱满的略带弧度的外形，有一种生命昂扬向上的张力。

生活中有许多形形色色的植物，那么，我们运用阳剪的方法还可以剪出哪些形状和颜色的叶子作品呢？

先看一看老师是如何用阳剪法表现的吧。

同学们，阳剪最大的特点是线线相连，作品看起来流畅并有一定的韵律感。掏剪是本讲一个重要的剪纸技法。老师再强调一下这个知识点，掏剪，顾名思义，就是由内向外挖剪，也被称作扣剪。大家一定要注意运剪技巧，用剪刀尖在需要镂空的部位开孔后，右手逆时针运剪，左手托着纸背旋转前移。本讲中，除了对叶子阳剪技法的学习，我们还看到，一片普通的叶子经过吉祥符号纹样的装饰，可以抒情达意，散发出独特的艺术魅力，给人们带来愉悦的视觉享受。大家还在等什么呢，快快拿起你的纸，剪出自然界中五彩缤纷的叶子，剪出心中美好的希望和祝福吧！

第十单元　怎样运用阴阳剪法

主讲人：董雅萍　陈　晨　王文草　孙永梅

剪纸的形态有很多，它的基本效果一般是通过阴剪、阳剪和阴阳剪结合这几种技巧表现的。

阴剪，其特点是线线相断，就是把所表达物象自身的结构线条镂空，剩下的块面之间互不连接，和被剪掉的空白线条结合呈现出强烈的对比感。阴剪的作品是块状的，给人一种敦实、厚重的视觉感受。

阳剪，其特点是线线相连，和阴剪截然相反。这种表达方法是保留要表达物象结构的轮廓线，剪掉大面积的块面。实心的线条使作品整体流畅、细腻。

在平时创作中，为了使作品构图更加生动形象，画面更富有感染力，我们还可以采取阴阳剪法综合运用的表达技巧。根据画面虚实关系需要和内部所强调的效果选取不同的表现方法，使构图变化多样，画面中黑白灰对比鲜明，增强作品表现力。

福州市文博小学 余悦 12岁

董雅萍，中国民间艺术家协会会员，中国非遗保护协会职业教育专委会委员，福建省剪纸专委会副秘书长，福州市剪纸学会副会长，福州市非物质文化遗产代表性传承人。创立的工作室被福州市文联授予首批文艺名家工作室，被福州市文化和旅游局授予福州非遗文化传承示范基地。

2017 年本人作品及辅导的三个学生作品荣获全国非遗进校园研讨会暨剪纸展优秀作品奖和优秀辅导员奖。2018 年 6 月辅导的学生剪纸作品在全国妇联家庭和儿童工作部与中国妇女儿童博物馆共同主办的“童心的视界——第四届全国儿童剪纸大赛”中喜获一金一银三铜和九个优秀奖，本人被评为优秀辅导老师。

王文革，北京市朝阳区实验小学美术教师，保定市小学美术教学标兵，容城县小学美术教学标兵，容城县骨干教师。多次在书画评比、汉字书写大赛中获优秀辅导教师奖；执教的《小风车》一

课参加河北省第五届中小学音乐美术课评比活动荣获二等奖；辅导的学生剪纸绘画作品被刊登在《小学生必读》上；2016 年获美术学科全县优胜奖；2017 年被评为优质课教师；2019 年被评为容城县优秀教师。

孙永梅，小学高级教师，保定市骨干教师，燕南书画家协会会员，现任职于北京市朝阳区实验小学雄安校区，从事美术教育教学二十余年。曾多次被妇联、团委、科协等部门评为“三八红旗手”“新长征突击手”、省市“优秀科技辅导员”等。从小酷爱绘画，擅长工笔、葫芦烙画、剪纸、手工制作等，并多次参加艺术节活动，获得绘画一等奖，2008 年“教师教学中师德修养”案例征集活动中荣获县级优秀奖；2011 年荣获河北省美术教师书画作品一等奖；在容城县第九届“三课”评定活动中被评为小学美术优质课教师。

第九十一讲　阴剪——宝塔

主讲人：陈晨

宝塔，是中国传统的佛教建筑物，因固有七宝装饰得名，后广泛作为塔的美称。保留至今的古塔式样繁多、造型迥异，把祖国的辽阔山河点缀得非常美丽。今天，我们就以宝塔为主题，一起学习民间剪纸中阴剪法的表达吧。

杭州雷峰塔

托塔李天王

宝塔，起源于印度，汉代时随着佛教传入中国，可以说是中印建筑艺术结合的产物。它由最早的方形发展成六角形、八角形、圆形等多种外形，样式精美，结构巧妙，承载了宗教、哲学、美学等历史文化元素。

在中国古代的民间传说和神话故事中，塔具有神奇的力量。如托塔李天王手中的玲珑宝塔，杭州西湖的雷峰塔等，有降妖伏魔、护佑百姓的作用。遍布祖国东西南北的成千上万座宝塔，雄伟庄严，巍然屹立天地之间，为百姓驱邪镇宅，祈祷正法久住，国泰民安。宝塔除了自身的宗教意义，还有作为通信基站、地标等实际功能。比如九江的文峰塔不仅祈祷当地文运昌盛，又因其建在水口位置，还可以用于镇水。永州的回龙塔结构精巧，宝葫芦状塔顶覆体上置铜针，具有避雷作用，堪称建筑史上的奇迹，成为古城当地的重要人文标志。

佳作欣赏

回龙塔

河南　陈晨

跟我剪一剪

（1）取一张长方形红纸，竖向对折。

（2）开口在左边，合口在右边，从中轴线顶端下剪，剪出三层宝塔的外形。注意檐角微微上挑，运剪时要向左斜上方顺势剪出弧度。

（3）分别在塔檐和塔身的交界处剪出半个月牙纹。

（4）如图在三层塔身下端剪出扇形，这是塔身的门。轻轻打开压平，看，一座用阴剪技法剪制的宝塔就完成了。

（1）

（2）

（3）

（4）

小窍门

一定要仔细观察各式宝塔的构造特点，准确把握它的形态特征，利用好点、线、面丰富作品画面，这样阴剪的宝塔会给人以厚重、结实的感觉。

这幅作品宝塔第二、三层塔门的位置不准确，门底部边缘应该和塔檐顶部在一条水平线。镂空的月牙纹略显生硬，运剪时可以带点弧度表达。

作品赏析

河南省实验中学 郑皓天

河南省实验文博学校 王嘉瑞

郑州市文化路一小　彭悦淇

郑州市文化路一小　秦子歌

这 4 幅作品都把民间剪纸阴剪技法中线线相断的特点表达出来，运剪干脆利落，线条整洁生动，是大家学习的好榜样。

郑皓天同学观察仔细，月牙纹和方形纹运用得准确而巧妙，生动地表现出阴剪宝塔的厚重感。

王嘉瑞同学作品中的月牙纹饰为宝塔增彩不少，前方装饰寓意吉祥的花朵，更使作品生动形象，很棒。

彭悦淇同学运用了月牙纹和柳叶纹，恰到好处地把宝塔结构准确表达出来，塔檐呈微挑弧状，简练而生动。

秦子歌同学用心观察，塔顶和底座部分表现完整，作品主要运用了月牙纹和方形几何纹样，简约而形象。

生活中的宝塔风格迥异，那么，我们运用阴剪的方法还可以剪出哪些宝塔作品呢？

河南　陈晨

《四塔剪纸》是唐代佛塔剪纸，敦煌出土，是迄今发现的最早的佛教剪纸，属于功德花纸类，敬供佛像，有装饰殿堂、道场的用途。

四塔剪纸　唐

同学们，经过这一讲对宝塔阴剪法的学习，你有所收获了吗？宝塔虽然来自异邦，但在中国发扬光大，形成了宝塔文化，衍生为中国文化的一个典型元素。它不仅展示了我国古代建筑多姿多彩的工艺，也记录了一段段历史，散发着古朴雄浑的美感。比如革命圣地延安的标志性景点宝塔山，也是接下来要和大家分享的内容。同学们，下节更加精彩，等你来哟！

第九十二讲　阳剪——宝塔

主讲人：陈晨

“几回回梦里回延安，双手搂定宝塔山。”著名文学家贺敬之的《回延安》凝聚着对革命圣地延安母亲的仰慕、眷恋之情。许多文艺工作者或写词谱曲，或挥毫泼墨，歌颂延安宝塔，缅怀革命业绩。今天这节课，让我们借助民族瑰宝剪纸艺术，用阳剪技法展示宝塔形象，表达我们对革命先辈的崇敬、怀念之情吧。

延安宝塔山，因山上有座宝塔而得名。古称丰林山，宋时改名嘉岭山，始建于唐代，海拔1135.5米，巍然耸立，为群山之冠。塔高44米，九层，为平面八角形，楼阁式砖塔，距今有1200多年的历史。

宝塔来源据说来自“黄金锁骨菩萨”的故事。《续玄怪录》和《太平广记》记载：锁骨菩萨化身的延州妇人，为了普度众生，不惜忍辱负重满足人间私欲，死后又遭世人鄙视，后被胡僧说破，即启发民众“知耻”而觉悟，并为其设大斋，从而建造了宝塔。

自从1937年中共中央进驻延安后，宝塔山便成为红色革命精神的象征。“延安有宝塔，巍巍高山上。高耸入云端，塔尖指方向。”陈毅元帅创作的《延安宝塔歌》将宝塔和革命联系起来，不禁让人回忆起一幕幕无数仁人志士保家卫国的壮丽篇章。渐渐地，这座古塔就成了延安市的标志性建筑，是人们接受革命传统教育的基地和旅游胜地。

佳作欣赏

《宝塔精神放光芒》 河南 陈晨

剪纸作品《宝塔精神放光芒》中，宝塔居于中心位置，采用阳剪技法，镂空的线条使宝塔的形象清晰立体，和迎风飘扬的整面旗帜相互映衬，形成强烈的视觉效果。作品饰有高贵大气的国花牡丹，象征和平的展翅高飞的白鸽，寓意延安精神永放光芒的太阳，极大增强了艺术感染力。整幅作品采用阴剪和阳剪结合的剪制技法，主次分明、构思巧妙，托物言志，讴歌了延安的红色革命精神，彰显了新时代下“不忘初心、牢记使命”的坚定信念。

跟我剪一剪

（1）取一张长方形红纸，竖向对折。

（2）开口在左边，合口在右边，从中轴线顶端下剪，剪出三层宝塔的外形。注意檐角微微上挑，运剪时要向左斜上方顺势剪出弧度。

（3）剪出塔檐，我们可以看到剪掉的部分呈三角形或四边形。

（4）在塔檐和塔身的交界处剪出一个小扇形，这样每层塔身的门就剪出来了。

（5）先沿着扇形外围剪一圈平行线，再根据塔身的结构从内侧剪平行线。看，一座用阳剪技法剪制的三层宝塔就完成了。

（1）　　（2）

（3）

（4）

（5）

小窍门

可以把塔的结构归类成几何图形的组合。比如这个作品中就有三角形、梯形、半圆形等形状。这样可以帮助我们快速判定起剪、运剪和落剪的位置，准确表达各种宝塔的形象。

剪一剪，试一试

刚才演示了阳剪宝塔的剪制过程。示例中的宝塔造型简单，同学们很容易脱稿完成。那么，外形看似复杂，巍然耸立的延安宝塔该怎么剪呢？其实很简单，和范例宝塔的剪制过程相同，采用对折剪的方法，先把主体外形剪出来，然后用镂空的方法剪制线条表现塔体的结构。

这位同学的习作整体感还可以，基本掌握了阳剪法。但是宝塔结构线条看起来有些生硬。特别是塔檐的外形，可以用微微上翘的弧线来表现，这样宝塔的造型会更加准确，更显生动。

作品赏析

河南省学生实验中学　张瑞嘉

郑州市硕爵学校　张霁睿

河南省实验中学　楚滨歌

河南省实验中学　胡靖逸

张瑞嘉同学的作品构图饱满，塔尖的葫芦造型和塔檐的风铃，都表现得细致生动。多种几何纹样的组合，把阳剪宝塔线线相连的特点表现得淋漓尽致，点赞！

张霁睿同学用心观察物象特征，用镂空的方式准确而生动地表现宝塔形象，线条流畅，充满力量，作品整体简约而不简单。

楚滨歌同学运用大胆而夸张的技法，宝塔形象完整生动，特别对塔前台阶的表达，整幅作品稚拙中又显几分灵巧。

胡靖逸同学的作品体现了较为扎实的基本功，运用了三角、方形、圆形等几何纹样，这些丰富的镂空纹饰符号，使整座宝塔形象生动而富有张力，很棒！

老师发现，这几个同学平时都有一个共同点，那就是用心去观察物象特征。可见，只要形成了这个良好的学习习惯，在面对任何结构复杂的物象时，都可以做到胸有成竹，游刃有余地准确剪制。

同学们，你们知道我国的四大名塔吗？我们一起来看一看吧！

飞虹塔（山西广胜寺）

飞虹塔是我国迄今发现保留最大最完整的琉璃塔。塔身镶嵌黄绿蓝三彩琉璃，构制精巧，色泽鲜艳。每逢雨后天晴，塔身璀璨夺目，仿佛彩虹悬饰天际，故而得名。明代文人王翰以诗为赞：“一塔玲珑驾碧空，满山翠柏起秋风。云生宝殿僧长定，咫尺须弥未许通。”

嵩岳寺塔（河南嵩岳寺）

嵩岳寺塔是我国现存最古老的多角形密檐式砖塔。用砖和黄泥粘砌而成，历经千余年侵蚀依旧坚固完好，堪称建筑史上的珍品。

我国现存最高、最古老的木构塔式建筑，俗称应县木塔。因塔内供奉释迦佛得名。全塔无钉无铆，为平面八角形五层六檐楼阁式。2016 年被吉尼斯世界纪录认定为世界最高的木塔。

释迦塔（山西垪宫寺）

千寻塔（云南崇圣寺）

千寻塔为崇圣寺三塔之首，方形密檐式空心砖塔，与南北两侧小塔成品字形矗立洱海之滨，气势恢宏，集崇扬佛教、镇灾降邪及观赏多种功能于一身，具有很高的历史、科学、艺术价值。

同学们，经过这一讲对宝塔阳剪法的学习，你有收获了吗？巍巍宝塔，历史丰碑，矗立于青山绿水间，奏响气势磅礴的岁月之歌。古人的聪明才智和精湛工艺，真的令人叹为观止。大家在熟练掌握好阳剪技巧表现宝塔形象以后，可以大胆尝试运用之前学习过的吉祥符号元素进行装饰，使其于简单中呈现美的深度，烘托深化主题，多元化展示我国民间剪纸的艺术魅力。

第九十三讲 阴阳剪——扑蝶

主讲人：董雅萍

这一讲，咱们说说会让每个小朋友开心的事——扑蝴蝶，每年的春节是蝴蝶最多的季节，花朵盛开，蝴蝶飞舞，同学们带上网兜一起扑蝶去吧。今天咱们来看看如何用剪纸的形式把扑蝴蝶的动作表现出来吧。

佳作欣赏

剪纸作品《扑蝶》，运用阴阳剪结合的表现手法，娃娃的头部用阴剪方式，大眼圆睁，嘴巴咧开，笑容开心；娃娃的身体部分采用阳剪的方式，用简单的线条来表现，娃娃的身体用一朵小花点缀；四肢用阴剪，使身体部分更突出。整幅画面黑、白、灰对比强烈。网兜用线条表现更加玲珑剔透。蝴蝶上半部用阴剪，下半部用阳剪，两者浑然一体，相映成趣，充分表现了娃娃渴望自由、向往快乐生活的强烈愿望。

《扑蝶》 福州市井大小学 江梓妍

跟我剪一剪

（1）先在一张白纸上将娃娃的外形画出来。

（2）接着在红纸上剪出头部的形状。

（3）剪出手臂向上的动作。

（4）再将身体与娃娃的下半身腿部一起剪出。

（5）娃娃头部的眼睛与眉毛、耳朵用学过的月牙纹来表现，娃娃的头发、袖子、手指用锯齿纹装饰，还可以在手臂上方加上三个水滴纹，娃娃的身体中间是一朵小梅花，梅花周围加上多层的线条使图案更丰富。

（6）最后在娃娃的裤脚也加上两朵锯齿纹。还可以在娃娃的手上加上一面小旗帜，添上两三只飞舞中的小蝴蝶，是不是更加生动？

（1）

（2）

（3）

（4）

（5）

（6）

剪一剪，试一试

福州市钱塘文博小学　余悦

福州市钱塘文博小学　余悦

福州市金山小学　曾如萱

余悦同学第一幅作品运用全阳剪的方法来创作，全身充满线条感，令人眼前一亮，有新奇特的效果。

余悦同学第二幅作品，采用阴剪与阳剪相结合的方法，大大的眼睛，头发用两条小鱼来装饰，身体采用的是莲花与小鱼的图案来表示“连年有余”，想象力丰富。

曾如萱同学这幅作品用阴阳剪结合的手法来创作，除了人物头部与手臂外，整个身体采用阳剪的方式，这种方式构图突出了趣味性，蝴蝶采用的是阴剪方式。

第九十四讲　阴阳剪——踢毽子

主讲人：董雅萍

踢毽子是同学们都很喜欢的活动，如何用剪纸的方式表现出来呢？可以采用阴剪与阳剪相结合的方式来巧妙地构图。

佳作欣赏

福州市第十中学　丁安琪

福州市鼓楼第二中心小学　龚琳茜

从作品的装饰来看，采用阴阳结合剪法使服饰表现出浓厚的民俗风情。作者运用花卉图案巧妙地形成了一种相互穿插的构图方式，人物两只圆圆的眼睛相当有神，以此突显运动带来快乐的主题。

跟我剪一剪

（1）先剪出小娃娃的头部。

（2）接着剪出小娃娃的身体部分。

（3）剪出小娃娃的下半身。

（4）将小娃娃头部进行细化，剪出刘海儿、眼睛、嘴巴等。

（5）在娃娃的脚丫边添加一颗毽子，同学们还可在娃娃身上添加一些线条，让画面更丰富。

（1）

（2）

（3）

（4）

（5）

剪一剪，试一试

第一幅作品阴剪的方法小作者掌握了，可阳剪的部分还不够突出，需要增加些线条来加强。

第二幅作品采用阴剪手法来创作扑蝴蝶，动作很夸张可爱，但缺乏阳剪的线条。

第九十五讲　阴阳剪——拉手娃娃

主讲人：董雅萍

秋游是所有同学期盼的活动，与同学手拉手快乐出行，增进友谊，多么开心！

佳作欣赏

福州市钱塘文博小学　余悦

右边这幅作品是两个娃娃一起手牵手，似乎在祝贺一对新人走进婚姻殿堂呢，作品上半部分采用的是阴剪的手法，而在娃娃的裙子部分采用阳剪的手法，想象力丰富，充满喜乐。

跟我剪一剪

（1）将一张长方形纸张对折。

（2）剪出喜字的一半图样。

（3）在上半部用阴剪的方式将娃娃头部的花样剪出来。

（4）同学们对折后记得两个娃娃要手拉手哦，打开后即是对称的喜字。

（5）在娃娃的裙子里用阳剪的手法剪出一朵小花。

（1）

（2）

（3）

（4）

（5）

剪一剪，试一试

福建省福州市钱塘文博小学　余悦

这两幅作品也是采用阴剪与阳剪的手法，娃娃的面部采用阳剪方法，而身体部分阴剪方法多，这种方法比较难掌握，同学们要看仔细哦。

第九十六讲　阴阳剪——可爱的猪宝宝

主讲人：董雅萍

这一讲咱们来说说全身都是宝的小猪，猪的模样不算美，它最突出的特征是那对大耳朵和长长的嘴巴。那条细细的尾巴时而卷起，时而晃动着，它还是人类的好朋友，它的特点是憨厚、老实、天真。

佳作欣赏

福州第二十四中学　董乙菲

福州市金山小学　曾如萱

跟我剪一剪

（1）先在白纸上画出猪宝宝的外形。

（2）用一张红纸剪出猪的外形。

（3）剪出小猪的另外一只耳朵，小猪那没睡醒的眼睛用锯齿纹来表示。

（4）在小猪的头部和嘴巴添加月牙纹。

（5）在小猪的身上用线条剪出花朵来，这样猪宝宝身上的花纹就有阴剪和阳剪两种。

（1）

（2）

（3）

（4）

（5）

福州市钱塘文博小学　余悦

福州金山小学　曾如萱

第一幅小作品：这只小猪身上的阳剪花纹不多，但是它的神态动作却非常可爱与俏皮。

第二幅小作品：把猪妈妈那憨厚朴实的神态表现出来了，瞧，作者还用阳剪的手法在肚子里剪出一只小宝宝来。画面中线条或块面的粗细、疏密处理得当，作者以优美的剪纸形式来表达内心深处对美好事物（母爱）的向往。作品既有传统的内涵，又散发着现代的气息。

阴剪与阳剪的手法要经过创造和锤炼，才能更具独特的艺术魅力。剪纸艺术的阴剪、阳剪方法既体现了传统特色，又表现出了现代的个性，给人一种耳目一新的感觉。

第九十七讲　人物剪纸——男孩儿

主讲人：董雅萍

今天这一讲我们要学习人物中男娃娃的剪法。首先，孩子要能够掌握男娃娃外形轮廓并熟练运用月牙纹、锯齿纹、圆点等基础图形来点缀小男孩的五官和衣服。通过本课的学习，可以提高孩子手的灵巧性，初步养成专心、细心、耐心的良好品质。

佳作欣赏

《一起摘果子》　福州市董雅萍剪纸工作室　陈书婷

这幅作品是小男孩和小女孩在树下摘果子的场景，两人的动作生动形象。从画面中我们看到，人物外轮廓塑造虽然比较复杂，但是服装的花纹简单，适合已掌握基本功的小朋友练习。

跟我剪一剪

（1）在纸张上部剪出圆形的头部轮廓。在头部正下方剪个细长的脖子。

（2）用波浪纹剪出男孩的刘海儿，分割发际和脸部。眉毛弯弯的，这样看起来才开心。用圆点表示他的眼睛，再剪个水滴形的鼻子，在鼻子下方加一个半圆就是他的嘴巴啦。

（3）拿着灯笼的小孩儿很开心，走起路来手舞足蹈，手臂往两边甩。

（4）用花朵和月牙来装饰衣服，根据你的喜好可以随意变化花纹，设计服装。

（5）在身体下方剪出跑动的腿和脚，在裤子上添加几道月牙纹来装扮。

看，小男孩提着灯笼开开心心跑来了！

（6）我们还可以给男孩设计不同的动作，注意，要突显男孩的特征哦。

（1）

（2）

（3）

（4）

（5）

（6）

剪一剪，试一试

小窍门

在剪的过程中要认真注意细节，注意男娃娃的轮廓和身体的比例。掌握基本的剪法后，可以尝试用自己喜欢的纹样来进行装饰。也可以娃娃为中心创作简单场景，体验拼贴剪纸的乐趣。

这个是男娃娃和女娃娃的组合剪纸，作者用了很多新颖的花纹，生动可爱。不足之处在于小男孩的腿部阳剪过多。

福州市董雅萍剪纸工作室　余悦

余悦同学的第一幅作品是表示一个小男孩在钓鱼，作者很巧妙地把5个月牙纹拼凑起来，变出了一朵美丽的小花，为小男孩的衣服增添了漂亮的花纹。手臂和裤子上的线条虽然简单，却显得简洁流畅。如果可以给作品中多加些花纹会显得更可爱哦。

第九十八讲 人物剪纸——女孩儿

主讲人：董雅萍

这一讲我们要学习人物中女娃娃的剪法。孩子要掌握基本的剪纸方法，表现女孩儿的发型、五官、服装等特征。能力强的孩子可以女孩子为中心创作简单场景，学会控制手部力量，能耐心、细心地剪出娃娃光滑的外轮廓。

佳作欣赏

《小时候》 福州市董雅萍剪纸工作室 陈书婷

这幅作品表现的是小女孩和小牛在树下欢乐玩耍的场面。整幅剪纸生动活泼，充满朝气。这幅作品花纹主要是以锯齿纹为主，阴阳结合得非常好。人物和场景十分分明，牛身上的花纹用了阳剪的方式，独特且生动形象。瞧，小女孩高高翘起的麻花辫，精美的服饰花纹，显得她可爱极了。

跟我剪一剪

（1）从纸张的右上方入剪，先向下滑出 S 线，在纸张中上部剪出圆圆的脑袋，在头部上方剪两个扇形的羊角辫，在头部两侧剪两个半圆的耳朵。

（2）采用直插法剪女孩的五官。用两个月牙纹剪出“人”字形刘海儿；眉毛的月牙纹可以剪得幅度大一些，再配上圆圆的眼睛和半圆形的小嘴，小女孩就显得笑容可掬。

（3）顺着身体的曲线，剪出小女孩的上下舞动的手，再用一道弧线来装饰袖子。

（4）给小女孩穿一件 A 字版的上衣，再用五个朵花纹围着圆点纹组成一朵美丽的花儿来装饰大大的衣摆。

（5）在衣服下方剪出女孩的腿，先剪一只站直的腿，再剪另一只向后弯的腿，并在后踢的脚上剪个毽子。裤子的装饰和袖子的一样，用一道弧线来装饰。

（6）还可以动动脑筋，给女孩设计新的发型，比如波浪头、小辫子、小发髻；或设计新的服饰和动态。

（1）

（2）

（3）

（4）

（5）

（6）

（7）

小窍门

在剪的过程中要认真仔细，拐弯处要注意线条的圆滑。试试用多个基础的花纹拼接在一起，会有不一样的效果哟！赶快动手试试吧。

剪一剪，试一试

剪纸生动活泼，充满朝气。不足之处在于树上统一用了锯齿纹，要是能变化一些花纹，会更好噢！

这幅作品的花纹阴阳结合得非常好，小女孩裤子上的花纹主要是以阳剪为主。两个小女孩在树下开心地玩着游戏，整幅作品充满了童趣。

福州市董雅萍剪纸工作室　翁国睿

福州市董雅萍剪纸工作室　江泉灵

两幅作品很巧妙地把月牙纹、锯齿纹、圆点结合在一起，创作出来的剪纸纹路清晰且富有线条美。人物身上的花纹虽没有非常规整，但是很有拙味。不足之处在于，这两位小作者剪出的锯齿纹有粗有细，还需多加练习基本功。

第九十九讲　怎样剪老爷爷

主讲人：王文革

今天这一讲我们要学习人物中老爷爷的剪法。先用对折剪的方法剪出人物形象，抓住老爷爷头发少，皱纹多，有胡子的特征，并尝试加上动作。通过本课的学习，锻炼学生抓住人物特征，概括老爷爷人物形象的能力，并能运用纹样装饰老爷爷的服饰。

佳作欣赏

《欢天喜地》　北京市朝阳区实验小学雄安校区　王文革

这幅作品表现的是老爷爷老奶奶在欢快地扭着秧歌。用剪纸表现老年人时，要抓住老人皱纹多的特点，剪纸中老爷爷额头、眼角、嘴边都有皱纹，还有长长的胡子。这幅作品造型生动形象，红绸飘飘，老爷爷喜笑颜开，富有生活情趣，用花朵和贯钱纹装饰，表达了富贵吉祥的美好祝愿。

跟我剪一剪

（1）取一张纸，对折。

（2）从中轴线上方起剪，剪出老爷爷戴的三角形帽子。

（3）下剪入纸，剪刀向下剪出耳朵，继续向下向右剪出半圆的脸型，大约在纸的三分之一处停止，再向左下剪出上臂，随后向右下剪出前臂，在纸的三分之二处停剪。哈哈，手臂的外形像不像一个小山包？

（4）在身体下方剪出裤子和脚，老爷爷的外形就剪好了。用直线剪出帽檐，在额头处用波浪纹剪出皱纹，用月牙纹表现老爷爷的眼睛和嘴巴。

（5）在眼角处剪出两条弧线，表示皱纹，然后运用内插剪的方式，在脸蛋和下巴处剪出锯齿纹，表现出老爷爷长胡子的特点。

（6）用斜线和弧线剪出领口，在中轴线上剪出水滴状的盘扣，上衣就剪好了。

（7）可以用我们所学过的月牙纹、太阳纹和锯齿纹适当的装饰老爷爷的服饰，若能运用吉祥符号进行装饰就更好啦！

（8）你看，只要抓住特征，改变装饰、动作，加上道具，就可以剪出不同造型的老爷爷了！

(1)

(2)

(3)

(4)

(5)

(6)

(7)

(8)

小窍门

在剪的过程中仔细观察，注意老爷爷的特征和身体的比例，要注意线条的流畅性。老爷爷的眼睛和嘴巴，身体上的月牙纹可以选择对折的方法剪。

在剪对称月牙纹时，也有小窍门，可以先将局部对折，然后用外插剪的方式剪出半个月牙。

剪一剪，试一试

这个老爷爷的造型，帽子和头没有分开，五官不细致，皱纹胡子的特征不明显，线条不够流畅，需要抓住老爷爷的外形特征多加练习。

北京市朝阳区实验小学雄安校区　李天姿

北京市朝阳区实验小学雄安校区　阴泊君

北京市朝阳区实验小学雄安校区　李沐航

这几幅作品能够举一反三，老爷爷的造型来自对生活的观察，他们通过想象给老爷爷加上了动作，有的拿拐杖，有的拎条鱼，有的拿蒲扇，充满了生活气息。装饰花纹使用了太阳纹和月牙纹，还有柳叶纹，作品感觉既稚拙又有趣味。

第一百讲　怎样剪老奶奶

主讲人：孙永梅

家中除了爸爸妈妈，疼爱你的还有爷爷奶奶、姥姥姥爷吧！他们布满皱纹的脸上常常挂着和蔼的笑容，这一讲我们学习如何剪出老奶奶。先用对折剪的方法剪出人物形象，抓住老奶奶发型特点，额头皱纹、眼纹的特征，并尝试加上动作的方式，完成老奶奶的剪纸练习。通过本课的学习，锻炼学生抓住人物特征，概括老奶奶人物形象的能力，并能运用纹样装饰老奶奶的服饰。

佳作欣赏

《奶奶的甜蜜》北京市朝阳区实验小学雄安校区　孙永梅

跟我剪一剪

（1）先剪头部，将长方形纸竖着左右对折，开口处在右边，合口处在左边；再把纸从上到下分成相等的三折后打开，最上边是头部占三分之一多一点儿，中间是上半身占三分之一小一点儿，下边是下半身。

（2）在上部的中点剪出眼睛，然后是眼睛的外侧用两个弯弯的月牙纹剪出耳朵，用 S 形的弧线绕着眼睛剪出眉毛、鼻子，在鼻子的下方剪个微微上扬的嘴巴。

（3）继续剪出前额发型，用内插的剪法剪出两个连续的月牙纹表现出上额和头发，剪出脸部轮廓。下一步剪出头部外轮廓，向下向右剪出下颌，在上额、眼角、嘴角剪出弧线，表示皱纹，然后运用内插剪的方式，装饰头发，头部就完成了。

（4）大约在纸的中间三分之一处少一点的位置停止，再向左下剪出上臂，随后向下剪出裙摆，整体造型就出来了。

（5）在领口处剪出圆滑的弧线，继续剪出胳膊、手和腰部，腰部是设计了一个托盘，巧妙地把上下身分开。

（6）最后就是进行整体装饰了，可以适当的用我们所学过的月牙纹、太阳纹和锯齿纹进行装饰。

（7）你看，我是用对折剪的方法剪了一个老奶奶的造型。只要抓住特征，加上动作，改变装饰，就可以剪出很多不同的老奶奶了！

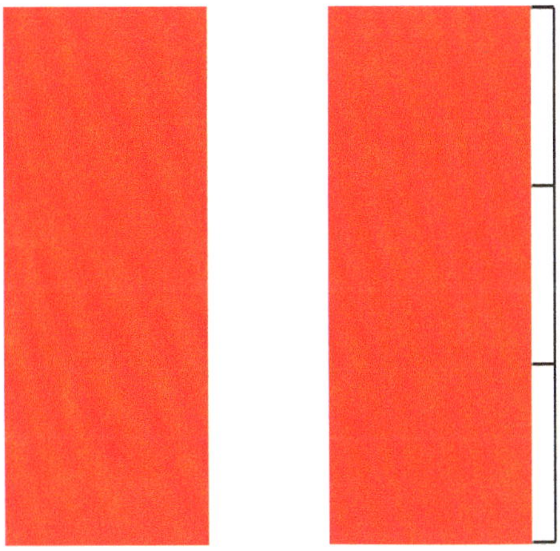

（1）

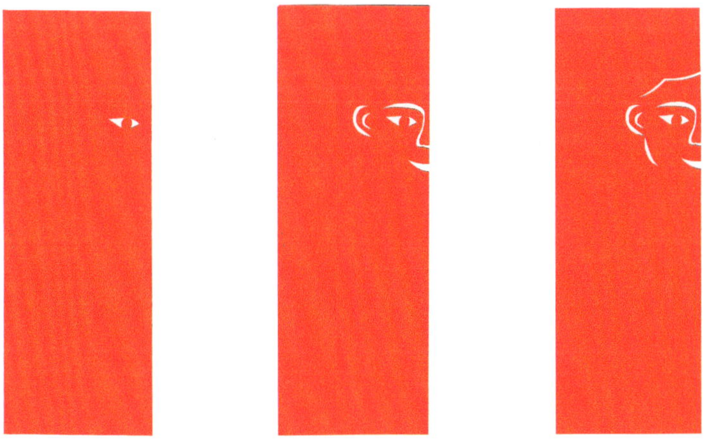

（2）

（3）

（4）

（5）

（6）

（7）

小窍门

在剪的过程中仔细观察，注意老奶奶的身体比例，头大身子小，略显卡通。衣服装饰要用不同的花纹去表现，最好是吉祥纹样，比如祥云纹、铜钱纹、如意纹，等等。

圆点纹，也有小窍门，可以先将纸对折，然后直接剪出半圆，打开就是圆点纹。

剪一剪，试一试

左边这幅作品的脸部特征没有表现出来，一定要抓住人物年龄特点，额头、眼角应用波浪纹表现出皱纹，整体比例还是可以的，花纹变化也是挺丰富的，抓住特征多加练习，一定会更好的！

右边这幅作品头和身体的结构线没明确表现出来，这是最明显的问题，造型、比例、线条都很好，继续加油！

北京市朝阳区实验小学雄安校区 李芊诺

北京市朝阳区实验小学雄安校区　魏　伊

北京市朝阳区实验小学雄安校区　李天姿

这几位同学的作品表现了多样化，说明平时都非常注意观察，表现了不同老奶奶的形象和姿态。李天姿的作品表现两个不同老奶奶的造型，一个在跳广场舞，一个拿蒲扇；魏伊的作品更是丰富，给老奶奶穿上漂亮的衣服；李芊诺还尝试剪了侧面人物，突显了奶奶微驼着背在喂小鸡，充满了生活气息。